L'héritage de Ratan Tata 1937 à 2024 – Le parcours de Bombay à un empire mondial...

Sophia Fairview

Published by Sophia Fairview, 2024.

While every precaution has been taken in the preparation of this book, the publisher assumes no responsibility for errors or omissions, or for damages resulting from the use of the information contained herein.

L'HÉRITAGE DE RATAN TATA 1937 À 2024 – LE PARCOURS DE BOMBAY À UN EMPIRE MONDIAL...

First edition. October 28, 2024.

Written by Sophia Fairview.

Table des Matières

Dedication

Aux lecteurs et lectrices francophones,

Cet ouvrage, "L'héritage de Tata : 1937 à 2024 – Le parcours de Ratan Tata de Bombay à un empire mondial," est dédié à ceux qui s'inspirent du pouvoir de la vision et de la direction éthique. La vie de Ratan Tata nous rappelle que le véritable leadership allie compassion, courage et un profond sens du but. Nous espérons que son parcours inspirera chaque lecteur à poursuivre sa propre voie avec humilité, détermination et un désir sincère d'apporter un changement positif.

Cette édition a été traduite automatiquement en français dans l'objectif de toucher un public encore plus large. Nous savons que les traductions automatiques peuvent parfois manquer de précision. Par conséquent, nous vous prions de bien vouloir faire preuve de compréhension et de patience. Vos commentaires et avis honnêtes sont extrêmement précieux : ils nous aident à améliorer la qualité de nos traductions, à maintenir des prix abordables et à nous faire connaître auprès d'autres lecteurs grâce aux algorithmes de recommandation.

Merci de faire partie de ce voyage avec nous et d'aider à transmettre l'héritage de Tata au plus grand nombre possible. Vos avis et suggestions, qu'ils soient des éloges ou des idées d'amélioration, sont sincèrement appréciés.

Avec gratitude,
Sophia Fairview

L'héritage de Tata : 1937 à 2024 – Le parcours de Ratan Tata de Bombay à un empire mondial...

Avant-propos

Quand vous pensez à **Ratan Tata**, vous pourriez imaginer un titan de l'industrie, un homme qui dirige l'un des plus grands et des plus respectés conglomérats d'Inde. Mais ce qui est encore plus fascinant, c'est qu'en dépit de son succès commercial et de son influence écrasante dans le monde des affaires, Ratan Tata est, au fond, un homme de **profound simplicité** et de **grâce discrète**. Ce livre ne célèbre pas seulement son sens des affaires ; il dévoile les couches de ce **visionnaire modeste**, pour explorer comment son humilité, sa nature réservée et ses défis personnels ont façonné son héritage.

Ceci n'est pas une histoire de **victoires en salle de réunion** seulement. C'est l'histoire d'un homme qui a choisi de rester humble même en atteignant des sommets que peu pourraient rêver. De son amour pour les chiens et de son choix de conduire une **Tata Nano** malgré sa richesse, aux décisions difficiles qu'il a dû prendre en équilibrant le poids de l'**héritage Tata**, Ratan Tata incarne un leadership avec **cœur**. Sa **sagesse douce** et sa détermination à rendre le monde meilleur, même lorsque cela signifiait affronter des défis monumentaux, sont ce qui fait de lui l'une des figures les plus **attachantes** du monde des affaires global.

À travers les hauts et les bas—que ce soit le succès de **Jaguar Land Rover**, les luttes avec la **Tata Nano**, ou le **poids émotionnel du leadership** durant les conflits internes—l'histoire de Tata dépasse les profits et les acquisitions. Il s'agit d'**intégrité, compassion**, et de rester fidèle à ses **principes éthiques** dans un monde qui privilégie souvent les gains rapides.

Alors attachez vos ceintures—ce voyage à travers **la vie de Ratan Tata** est rempli de leçons non seulement pour les leaders d'affaires en herbe mais pour quiconque cherchant à naviguer dans le monde avec **humilité, grâce**, et une touche de **sens de l'humour.** Après tout, comme Tata lui-même pourrait le dire en riant, parfois le chemin vers la grandeur se parcourt mieux dans une **Nano.**

Introduction : L'homme derrière l'héritage

Ah, **Ratan Naval Tata**—quelle histoire ! Sa vie se lit comme un grand roman, plein de tournants inattendus, de résilience, et d'une vision qui n'a pas été façonnée uniquement par son nom de famille. Oui, il est né dans l'une des **familles les plus influentes de l'Inde**, les Tata, le **28 décembre 1937**, mais soyons clairs : son succès n'était en rien **préordonné**. Ce n'était pas un parcours facile, avec des cuillères en argent et des portes ouvertes. Non, non. **Ratan Tata** a tracé son propre chemin, bâtissant sur les valeurs fondamentales de **l'intégrité**, **l'humilité**, et un **élan silencieux mais puissant pour l'innovation**.

Une enfance pleine de contradictions

Grandissant dans une **famille zoroastrienne Parsi**, l'enfance de Ratan n'était pas l'histoire insouciante et prévisible que l'on pourrait attendre de quelqu'un dans sa position. À seulement dix ans, ses parents se sont séparés—un coup dur qui l'a laissé sous la garde de sa **grand-mère, Navajbai Tata**. Maintenant, Navajbai n'était pas votre grand-mère ordinaire—c'était une femme redoutable, à la fois aimante et stricte, inculquant au jeune Ratan un mélange de **discipline** et de **compassion**. Cela a façonné l'homme qu'il deviendrait : **doux mais ferme**, un leader au grand cœur.

Sa scolarité a commencé à Mumbai dans la prestigieuse **Cathedral and John Connon School**—un terreau fertile pour certaines des esprits les plus brillants d'Inde—et s'est poursuivie à **Bishop Cotton School** à Shimla. Cette fondation ne concernait pas seulement l'académie. Elle lui a donné une vision du monde—il a été formé non seulement pour diriger, mais pour **penser grand**.

Des rêves d'architecture et d'Amérique

Maintenant, c'est ici que l'histoire prend un tournant intéressant. Le jeune Ratan ne rêvait pas à l'origine de diriger un empire commercial. Non, il avait les yeux rivés sur **l'architecture.** En fait, en **1962,** il a obtenu son diplôme de **l'Université Cornell** aux États-Unis avec un diplôme en architecture. Et soyons honnêtes—il a été tenté de rester aux États-Unis, où la vie semblait pleine de possibilités. Son amour pour **le vol** a également pris racine ici, une métaphore appropriée pour son ambition de **s'élever plus haut.** Mais la vie avait d'autres plans pour lui.

À la demande (soyons honnêtes, **insistance**) de sa grand-mère, il est revenu en Inde pour rejoindre l'entreprise familiale. Et qu'est-ce qu'on lui a donné ? Pas un bureau confortable, mais une entreprise qui coulait plus vite qu'une pierre dans l'océan—**National Radio & Electronics (NELCO).**

NELCO : Les premières luttes

Donc, le voici, plongé dans le grand bain. **NELCO** était en très mauvais état lorsque Ratan a pris les rênes, et bien qu'il ait réussi à réaliser quelques petites victoires, une grave récession économique a perturbé les choses. À bien des égards, ces **échecs précoces** ont été sa formation. Ils lui ont appris **l'art de la résilience.** Ce n'était pas une question de succès instantané ; c'était une question de jouer un jeu à long terme, de comprendre **l'architecture d'une entreprise** comme il avait étudié la structure des bâtiments.

Le fait que **l'architecture** ait été son premier amour n'était pas une coïncidence—cela a influencé sa façon de penser le **leadership.** Pour lui, diriger une entreprise était très semblable à concevoir une structure : il fallait être à la fois **créatif** et **stratégique.** Il s'agissait de savoir quand suivre les plans et quand s'adapter aux **défis imprévus.** De cette manière, l'approche de Tata en matière d'affaires est devenue celle d'une **planification minutieuse,** mais toujours avec une ouverture à **l'innovation et au changement.**

4

Ratan Tata n'a pas seulement construit sur l'héritage de sa famille—il l'a transformé. Et il l'a fait avec les outils d'un architecte, le cœur d'un humanitaire et l'esprit d'un visionnaire. Que ce soit face à des **échecs précoces** ou en repoussant les limites plus tard dans sa carrière, il a montré que le véritable leadership ne se résume pas à maintenir le statu quo—il s'agit de **créer constamment** quelque chose de nouveau, même lorsque les fondations semblent instables.

Lorsque Ratan a pris les rênes du groupe Tata en 1991, l'Inde était à un moment décisif. Le pays commençait tout juste à libéraliser son économie, s'ouvrant à la concurrence mondiale. Cette période de transformation s'est alignée avec la propre vision de Ratan Tata de faire passer l'entreprise familiale au-delà des frontières de l'Inde. Il était audacieux, n'hésitant pas à bousculer les habitudes au sein du traditionnellement conservateur groupe Tata, surtout en ce qui concerne l'introduction d'un leadership plus jeune et l'orientation du conglomérat vers de nouvelles industries.

Sous la direction de **Ratan Tata**, le **groupe Tata** n'a pas seulement grandi—il s'est mondialement affirmé avec éclat. Pensez-y : une minute Tata dirige une entreprise axée sur l'Inde, et la suivante, il achète **Tetley Tea** en 2000. Je veux dire, c'est pratiquement comme si l'Inde disait au Royaume-Uni, "Nous nous en occupons, merci beaucoup !" Et bien que le thé n'était que l'apéritif, Tata n'en avait pas fini.

Ensuite est venu le deal **Corus Steel** en 2007. Maintenant, je comprends—l'acier n'est pas exactement glamour. Mais quand vous achetez un **géant européen de l'acier** et transformez Tata en **cinquième producteur d'acier** au monde, c'est là que vous savez que vous jouez dans la cour des grands. Puis, juste pour être sûr que le monde prêtait vraiment attention, Tata a acquis **Jaguar Land Rover** en 2008, ce qui, soyons honnêtes, a envoyé un message clair : "L'Inde peut aussi faire du luxe."

Mais le fait est que **Ratan Tata** ne cherchait pas seulement à acquérir des jouets brillants. Non, il voyait les affaires comme quelque chose de bien plus significatif—**une force pour le bien**. Alors que certains leaders mesurent leur succès en profits, Tata le mesurait en **personnes**. Que ce soit à travers les **Tata Trusts**, qui continuaient à investir dans **l'éducation, la santé**, et le **développement rural**, ou son engagement à rendre les affaires **éthiques** et **humaines**, sa philosophie était toujours ancrée dans la **responsabilité sociale**.

Prenons la **Tata Nano**, par exemple. Certains pourraient la qualifier d'échec parce qu'elle ne s'est pas vendue comme prévu, mais ce n'est pas ainsi que Tata la percevrait. La voiture ne visait pas à devenir le prochain véhicule de luxe—il s'agissait de donner à des millions d'Indiens à faible revenu la **dignité** et la **liberté** de posséder une voiture. Il s'agissait de rendre l'impossible possible pour ceux qui en avaient le plus besoin. Certes, la Nano n'est pas devenue le nom connu qu'il avait imaginé, mais **le profit** n'était pas le moteur. Il s'agissait d'**élever** toute une génération.

En fin de compte, **Ratan Tata** n'a pas seulement acheté des entreprises ; il a redéfini l'image mondiale des entreprises indiennes. Il a montré au monde ce que les entreprises indiennes pouvaient accomplir tout en restant fidèles à leurs **racines**—éthique, communauté et une touche d'audace innovante. Et vraiment, n'est-ce pas le meilleur héritage de tous ?

En ce qui concerne **la vie personnelle de Ratan Tata**, c'est une étude de contrastes. D'une part, il était à la tête de l'un des plus puissants empires commerciaux mondiaux, et d'autre part, il vivait avec une **simplicité remarquable** qui surprenait souvent les gens. Alors que d'autres à sa position pourraient céder à un **style de vie de célébrité**, Tata était un homme qui préférait garder un profil bas, évitant les projecteurs qui brillent si souvent sur ceux qui ont du pouvoir. Il ne s'est jamais marié, choisissant plutôt de consacrer son énergie à son travail, à la philanthropie et à l'entreprise qui lui tenait tant à cœur.

Simplicité et humilité dans le leadership

Bien qu'il soit le visage d'un conglomérat mondial, **Ratan Tata** a évité les pièges du succès. Vous ne le trouveriez pas en train de fraterniser avec des stars de Bollywood ou d'assister à des galas chics. Non, il était plus susceptible d'être trouvé **au volant de sa voiture Tata** ou marchant parmi les employés de l'une de ses usines, leur demandant comment les choses se passaient. Il se connectait réellement avec les gens—que ce soient des **ouvriers d'usine** sur le terrain ou des cadres lors de réunions du conseil. Et c'est ça, le truc avec Tata—il n'était pas intéressé à diriger d'une tribune ; il préférait mener **par l'exemple**. Il se sentait plus à l'aise dans les tranchées que sous les projecteurs.

Rejetant le statut de célébrité

Ratan Tata est connu pour **éviter l'attention des médias** et éviter le genre de statut de célébrité que son succès aurait facilement pu lui apporter. Même à une époque où de nombreux leaders ont embrassé l'idée de devenir des **marques personnelles**, Tata était content de laisser son **travail parler de lui-même**. Lors des interviews, il se montre souvent terre à terre, avec peu d'intérêt pour le spectacle. Il ne s'est jamais marié, et bien qu'il y ait eu des histoires de presque-mariages, il est resté profondément privé concernant sa vie personnelle.

Un style de leadership ancré dans l'humanité

Son style de leadership reflétait ses **origines humbles** et les valeurs inculquées par sa famille. Le leadership de Tata n'était jamais une question d'être le plus bruyant dans la pièce mais de **écouter**. Cette **vision discrète** lui a permis de guider le groupe Tata avec clarté, sachant que son véritable impact ne résidait pas dans les gros titres mais dans les personnes qu'il a élevées—que ce soit à travers ses entreprises ou à travers les **Tata Trusts**.

Il n'est pas surprenant que **Ratan Tata** soit profondément respecté non seulement en Inde mais à travers le monde. Son humilité lui a permis de se démarquer dans un monde rempli de grandes personnalités et de plus grands égos. En fin de compte, son héritage ne concerne pas seulement les milliards que ses entreprises ont générés mais les **milliards de vies** qu'il a discrètement touchées par sa **philanthropie, leadership**, et **empathie**.

Au moment de sa retraite en 2012, Tata avait transformé le groupe en une puissance mondiale avec des revenus dépassant les 100 milliards de dollars. Pourtant, son héritage va bien au-delà des bilans financiers. Son influence a remodelé l'industrie indienne, et ses efforts philanthropiques ont garanti que son impact se ferait sentir pendant des générations. Même dans ses dernières années, il a continué à guider et à encadrer, incarnant les valeurs de leadership, d'éthique et d'engagement envers le bien commun.

Ratan Tata est décédé le 9 octobre 2024, après une période de maladie, laissant derrière lui un héritage à la fois monumental et profondément personnel. De Bombay à la scène mondiale, son parcours est un témoignage du pouvoir du leadership visionnaire et un rappel que le véritable succès ne réside pas seulement dans la richesse, mais dans l'amélioration de la société.

Aperçu de l'importance du groupe Tata en Inde et son impact mondial

Le groupe Tata, fondé en 1868 par Jamsetji Tata, a joué un rôle clé dans la formation de l'Inde moderne, tant sur le plan économique que social. Initialement axé sur des industries comme le textile, l'acier et l'énergie, le groupe s'est depuis développé en un conglomérat mondial présent dans plus de 100 pays et opérant dans plusieurs secteurs, y compris l'automobile, la technologie, les télécommunications, les biens de consommation et l'hôtellerie.

Le rôle du groupe Tata en Inde

Ah, le **groupe Tata**—en Inde, c'est plus qu'un simple conglomérat ; c'est pratiquement un **trésor national** ! Tata n'est pas seulement une grande entreprise générant des profits, c'est une partie intégrante du tissu même de la **construction de la nation**. Dès le départ, le groupe a été motivé par plus que des bilans et des résultats financiers—il s'agit de **pratiques commerciales éthiques, de responsabilité sociale**, et, soyons honnêtes, d'une petite touche de **patriotisme**.

Tata Steel : la colonne vertébrale de l'industrie indienne

Commençons par **Tata Steel**, car s'il y a bien une entreprise qui peut revendiquer le titre de colonne vertébrale de la révolution industrielle de l'Inde, c'est celle-ci. Fondée en **1907**, Tata Steel n'était pas seulement la première aciérie d'Inde—elle était pratiquement **la colonne vertébrale de l'infrastructure indienne**. Elle était présente lorsque le pays avait besoin de **chemins de fer, de ponts**, et de toute cette force industrielle. On pouvait presque l'entendre murmurer : "Ne t'inquiète pas, Inde, je gère ça."

De l'acier pour les chemins de fer à l'infrastructure pour la **fabrication**, Tata Steel a travaillé sans relâche à la fondation de l'économie indienne, jouant silencieusement le long jeu. Ce n'était pas seulement une question de profit, mais de **progrès national**—construire la nation, une poutre d'acier à la fois. Et lorsque vous réalisez que cette entreprise a joué un rôle dans la formation de **l'infrastructure moderne de l'Inde**, il n'est pas surprenant que les gens voient le groupe Tata comme plus qu'une simple entreprise—c'est pratiquement un **pilier de la société indienne**.

Tata Consultancy Services (TCS) : le pionnier numérique

Et puis il y a **TCS**, le **super-héros de l'informatique** qui est intervenu en 1968 et a aidé à transformer l'Inde en **hub technologique mondial** qu'elle est aujourd'hui. Je veux dire, qui aurait pensé à l'époque que l'Inde deviendrait un leader mondial en matière de **transformation numérique, d'externalisation**, et de tout ce qui touche à la technologie ? Pourtant, nous y sommes, grâce en grande partie à **TCS**, qui a été à l'origine de l'**industrie des services informatiques indienne**. Elle a aidé à construire non seulement des entreprises, mais aussi des **carrières**—et a fait de l'Inde la destination privilégiée pour les entreprises du monde entier cherchant à exploiter la puissance de la technologie.

Maintenant, chaque fois que nous parlons de **externalisation technologique** ou de **transformation numérique**, le nom de l'Inde surgit, et soyons honnêtes, TCS a joué un grand rôle dans cela. TCS a pris ce qui aurait pu être une petite niche et l'a transformée en une **révolution mondiale**, prouvant que l'Inde n'était pas seulement un endroit pour le curry et le cricket, mais un acteur sérieux dans le **monde de la technologie**.

Tata Motors : l'élan de l'Inde vers une mobilité abordable

Ensuite, nous avons **Tata Motors**. Soyons clairs : avant Tata Motors, l'idée de voitures abordables pour la famille indienne moyenne était un peu comme demander la lune. Mais Tata a fait en sorte que cela se produise. De la **Tata Indica**, qui était la première voiture à être **conçue et produite en Inde**, à l'ambitieuse **Tata Nano**, qui était commercialisée comme la voiture la plus abordable du monde, Tata Motors a transformé le **paysage automobile**.

D'accord, la **Nano** n'a peut-être pas été le succès retentissant qu'ils espéraient, mais ce n'était pas une question d'atteindre l'or en ventes—c'était une question de faire une **déclaration**. Une déclaration qui disait : "L'Inde peut produire des voitures de classe mondiale, et elles peuvent être abordables pour des millions de personnes."

Philanthropie et construction de la nation : l'âme de Tata

Mais si vous voulez vraiment comprendre pourquoi Tata est **le cœur battant de l'Inde**, vous devez vous pencher sur leur **philanthropie**. Je veux dire, **parlons de générosité** ! Le groupe Tata consacre **deux tiers de ses bénéfices** à **Tata Trusts**, qui se concentre sur l'éducation, les soins de santé et le **développement rural**. Et il ne s'agit pas seulement de jeter de l'argent sur des problèmes—c'est **des bourses pour les étudiants, des projets de soins de santé** qui sauvent des vies, et **des initiatives de subsistance** qui élèvent des communautés rurales entières. Ils ont touché **des millions de vies**, en fournissant une éducation de qualité aux défavorisés et en transformant des **économies rurales entières.** Et ils le font avec la même modestie silencieuse que Ratan Tata lui-même incarne—pas de fanfare, juste un **impact.**

Alors oui, le **groupe Tata** n'est pas seulement une entreprise—c'est une **institution**, tissée dans le ADN même de l'Inde. Il a construit des ponts (parfois au sens propre), façonné des industries et élevé des peuples. Et soyons honnêtes, il n'y a pas beaucoup d'entreprises qui peuvent dire qu'elles ont contribué à construire à la fois **des nations et des voitures.**

Impact mondial

Lorsque **Ratan Tata** a pris les rênes, le **groupe Tata** n'était pas content de rester dans les frontières de l'Inde. Au lieu de jouer la sécurité, Tata a visé haut et a acquis certaines des marques les plus reconnaissables au monde, comme **Tetley Tea** en 2000, **Corus Steel** en 2007, et **Jaguar Land Rover** en 2008. Chacune de ces acquisitions ne concernait pas seulement l'amélioration du bilan—il s'agissait de **faire passer un message.** Tata disait au monde : "Nous ne sommes pas ici juste pour participer ; nous sommes ici pour diriger."

Prenons **Tetley Tea**, par exemple. Les Britanniques ont le thé dans leur ADN, donc lorsque Tata a acheté Tetley, c'était comme si l'Inde prenait les clés de l'un des éléments culturels les plus appréciés du Royaume-Uni. Et **Corus Steel?** Tata n'était pas intéressé à produire quelques poutres supplémentaires pour les gratte-ciels ; non, il s'agissait de **construire les véritables structures de l'infrastructure mondiale.** Ajoutez à cela **Jaguar Land Rover**, deux marques de luxe emblématiques, et soudain Tata n'était plus seulement une entreprise indienne—c'était une **force mondiale.**

Une empreinte véritablement mondiale

Sous la direction de Tata, l'**empreinte mondiale** de l'entreprise s'est élargie au point que plus de **65 % de ses revenus** proviennent désormais des marchés internationaux. C'est exact—deux tiers de ses bénéfices proviennent de l'extérieur de l'Inde. Tata a transformé l'entreprise d'une **puissance domestique** en un **géant mondial**—et a réalisé cela par des mouvements stratégiques qui ont toujours été axés sur le **long terme**.

Plus qu'une entreprise : un symbole de la force de l'Inde

Mais c'est ici que le groupe Tata devient vraiment intéressant : il ne s'agit pas seulement de **cessions mondiales** ou de revenus internationaux. Tata en est venu à **représenter** ce que les entreprises indiennes peuvent accomplir sur la scène mondiale. C'est un exemple vivant et concret de l'essor de l'Inde en tant que **puissance économique**. Et ce faisant, Tata est également devenu un **symbole d'innovation éthique**, souvent à l'avant-garde des **produits socialement responsables.**

La **Tata Nano** n'a peut-être pas été un blockbuster, mais son objectif était révolutionnaire : créer la voiture la plus **abordable au monde** pour des familles qui n'avaient même jamais rêvé d'en posséder une. Tata ne voulait pas seulement vendre des voitures—il voulait **changer des vies.** Et quand il s'agit de **durabilité**, ne cherchez pas plus loin que **les véhicules électriques de Tata Motors.** Pendant que d'autres entreprises trempaient encore leurs orteils dans le mouvement de l'énergie verte, Tata travaillait déjà à positionner **l'Inde à l'avant-garde** de la **révolution mondiale des véhicules électriques.** Ce n'est pas seulement des affaires—c'est une **croissance guidée par un but**.

En résumé, Ratan Tata ne se contentait pas de jouer dans la cour des grands—il était **en train de définir de nouvelles règles** pour ce que les entreprises indiennes pouvaient accomplir à l'échelle mondiale, tout en gardant le **cœur de l'entreprise** lié à **l'innovation avec conscience.**

Un héritage de leadership éthique

L'expansion mondiale du groupe Tata a toujours été ancrée dans son approche éthique des affaires. Contrairement à de nombreuses entreprises mondiales, Tata s'est concentré sur une croissance inclusive, veillant à ce que son succès profite à la fois aux actionnaires et à la société. Cette approche a valu à l'entreprise le respect à l'échelle mondiale, et elle est souvent citée comme un modèle de responsabilité sociale des entreprises.

En résumé, le groupe Tata est une partie intégrante du tissu économique de l'Inde et est devenu un phare de l'entrepreneuriat indien et de la responsabilité des entreprises. Son rayonnement mondial, associé à un sens profondément ancré du leadership éthique, garantit que l'impact de Tata se fera sentir pendant des générations à venir.

La philosophie de leadership unique de Tata : éthique, innovation et responsabilité sociale

Le leadership de Ratan Tata au sein du groupe Tata de 1991 à 2012, et même au cours de ses années en tant que président émérite, a été marqué par un mélange unique d'éthique, d'innovation et de responsabilité sociale. Son approche des affaires était profondément principielle, mettant en avant l'importance de l'intégrité d'entreprise et de l'impact plus large des affaires sur la société.

1. Éthique : diriger avec intégrité

L'éthique était au cœur de la philosophie de leadership de Ratan Tata. Il croyait fermement que les entreprises devaient être motivées non seulement par les profits, mais aussi par un sens du devoir moral. Tout au long de son mandat, il a travaillé pour maintenir l'engagement de longue date du groupe Tata envers des pratiques commerciales éthiques. Sous sa direction, Tata a renforcé sa réputation de transparence et d'équité, tant en Inde qu'à l'international. Il a déclaré célèbrement que "si vous voulez aller vite, allez seul. Mais si vous voulez aller loin, allez ensemble", reflétant sa conviction en la collaboration, la confiance et l'intégrité à long terme.

Une de ses positions les plus notables en faveur de l'éthique est survenue lorsqu'il était président de Tata Motors. Face à des demandes de corruption lors du lancement de la Tata Indica, Tata a refusé de participer à des pratiques contraires à l'éthique, choisissant plutôt de déplacer la production dans un État qui ne nécessiterait pas de pots-de-vin. Cet engagement indéfectible envers les valeurs a renforcé la réputation mondiale de Tata en tant qu'entreprise à la boussole morale inflexible.

2. Innovation : conduire le changement et la réinvention

Le mandat de Ratan Tata a été marqué par une poussée pour l'innovation à tous les niveaux. Il a encouragé un leadership plus jeune, embrassé la technologie et déplacé le groupe Tata vers de nouvelles industries tournées vers l'avenir. Sa vision était globale et progressive, ce qui a conduit à des acquisitions stratégiques clés comme Tetley Tea, Corus Steel et Jaguar Land Rover. Ces acquisitions ont élargi l'empreinte mondiale du groupe Tata et solidifié sa place sur la scène mondiale.

La passion de Tata pour l'innovation ne se limitait pas à la stratégie d'entreprise—elle s'étendait également au développement de produits. Un des exemples les plus emblématiques était la création de la **Tata Nano**, lancée en 2008. Destinée à fournir un transport abordable à des millions de familles à faible revenu en Inde, la Nano a été saluée comme "la voiture du peuple". Bien que la Nano n'ait pas atteint un succès commercial massif, son développement incarnait l'engagement de Tata à résoudre des problèmes sociétaux grâce à un design innovant.

De même, l'entrée de Tata Motors dans les véhicules électriques (VE) sous sa direction, en particulier le développement du Tigor EV, reflétait sa vision tournée vers l'avenir de la mobilité verte. Ratan Tata était toujours désireux de repousser les limites, que ce soit par des avancées technologiques ou en positionnant le groupe Tata comme un leader dans le développement durable.

3. Responsabilité sociale : les affaires comme force du bien

Peut-être que la caractéristique la plus déterminante du leadership de Ratan Tata était sa conviction inébranlable que les entreprises devraient contribuer à la société. Son engagement envers la responsabilité sociale allait au-delà de la philanthropie d'entreprise ; il était tissé dans le tissu des opérations du groupe Tata. Il veilla à ce qu'une part significative des bénéfices de Tata soit réinvestie dans des causes sociales à travers **les Tata Trusts**, l'une des plus grandes organisations caritatives d'Inde.

Les Tata Trusts ont eu un impact sur des millions de vies grâce à des investissements dans l'éducation, la santé et le développement rural. Des initiatives comme le **Centre Médical Tata** à Kolkata et le **Tata Institute of Social Sciences** se dressent comme des symboles durables de sa vision. Sous la direction de Ratan Tata, le groupe s'est concentré sur l'autonomisation des communautés et la résolution de problèmes critiques tels que la pauvreté, la malnutrition et l'accès à l'eau potable.

La philosophie de leadership de Tata tournait autour de l'équilibre entre le profit et le but. Il remarquait souvent qu'il croyait en une philosophie de "construction de la nation", où le succès des entreprises était lié à l'amélioration de la société. Ses décisions personnelles et professionnelles étaient systématiquement éclairées par cette conviction, renforçant l'héritage de Tata en tant que groupe qui valorisait le bien social autant que le succès financier.

Conclusion : Une Vision Holistique du Leadership

La philosophie de leadership de Ratan Tata, fondée sur l'éthique, l'innovation et la responsabilité sociale, a fait de lui non seulement un leader d'entreprise, mais un visionnaire qui a redéfini le rôle des entités corporatives dans la société. Sa capacité à allier sens des affaires et sens du but continue d'inspirer les entrepreneurs et les dirigeants du monde entier. L'héritage de Tata rappelle que le leadership réussi ne se limite pas à la croissance financière, mais consiste à créer un changement positif et durable dans la société.

Chapitre 1 : Racines d'un Titan – Famille, Éducation et Influences Précoces

La Famille Tata : Un Héritage de Leadership et de Construction de la Nation

La famille Tata est l'une des dynasties les plus légendaires d'Inde, reconnue non seulement pour son vaste empire commercial mais aussi pour ses contributions à l'industrialisation et au bien-être social du pays. Les racines de la famille remontent au XIXe siècle, lorsque le visionnaire industriel **Jamsetji Tata** posa les bases de ce qui deviendrait le plus grand et le plus respecté des conglomérats indiens. Au fil des générations, la famille Tata a joué un rôle central dans la formation du paysage industriel du pays, et **Ratan Tata**, né en 1937, est le porteur moderne de cet héritage illustre.

Jamsetji Tata : Le Père Fondateur de l'Industrie Indienne

Jamsetji Tata, né en 1839, est souvent désigné comme le "Père de l'Industrie Indienne." À une époque où l'Inde était sous domination coloniale britannique et peinait à développer sa base industrielle, Jamsetji envisageait une nation industrialisée, autonome. Ses aspirations allaient au-delà de la richesse personnelle ; il voulait créer des entreprises qui profiteraient à la société dans son ensemble. Son héritage est profondément lié à la transformation économique de l'Inde, passant d'une société agraire à une nation industrielle moderne.

Jamsetji établit le groupe Tata en 1868 avec des entreprises dans le coton, les textiles et l'hospitalité. Cependant, ses contributions les plus durables proviennent de ses efforts pionniers dans l'acier et l'énergie. L'un de ses projets clés fut la création de **Tata Steel** (initialement la Tata Iron and Steel Company) en 1907, qui devenait la première usine sidérurgique intégrée d'Inde. Située à Jamshedpur, cette entreprise était révolutionnaire pour son époque, tant en termes de taille que d'ambition de responsabiliser la main-d'œuvre indienne grâce à des salaires équitables et de meilleures conditions de travail. La vision de Jamsetji s'étendait à des industries qui étaient alors inconnues en Inde. Il posa également les jalons de la **Tata Hydroelectric Power Supply Company** et de l'**Indian Institute of Science** à Bangalore, qui ont tous deux contribué à la modernisation des infrastructures et de l'éducation en Inde. Bien que Jamsetji ne vécût pas pour voir l'achèvement de nombreux projets, sa vision et ses principes commerciaux éthiques sont devenus un modèle pour les générations futures de Tata.

La Famille Tata et l'Industrialisation de l'Inde

Les successeurs de Jamsetji, notamment ses fils Dorabji Tata et Ratanji Tata, ont poursuivi son héritage. Sous la direction de Dorabji, Tata Steel est devenue opérationnelle en 1911, et l'Inde a rejoint les rangs des nations industrialisées. Ce développement a été crucial, non seulement parce qu'il a fourni les matières premières nécessaires aux infrastructures de l'Inde, mais aussi parce qu'il était un symbole d'autonomie face à la domination coloniale. Le groupe Tata s'est développé en un conglomérat aux intérêts dans les produits chimiques, l'automobile, l'énergie et bien plus encore. Il a continué à initier des projets dans des secteurs qui propulseraient la croissance industrielle et économique de l'Inde tout au long du XXe siècle.

Alors que le groupe Tata s'étendait, il maintenait un fort accent sur la gouvernance éthique et la responsabilité sociale. La famille croyait que l'industrie devait servir la nation, pas seulement des intérêts privés, et leurs entreprises ont mis en œuvre des programmes de bien-être longtemps avant que de telles pratiques ne deviennent courantes. Les entreprises Tata étaient parmi les premières en Inde à offrir des avantages aux employés tels que des pensions, des compensations en cas d'accident et des journées de travail de huit heures.

La Place de Ratan Tata dans la Dynastie Tata

Ratan Tata, né dans cette famille remarquable en 1937, est l'arrière-petit-fils de Jamsetji Tata. Sa place au sein de la lignée Tata porte un poids historique immense, et il a plus que répondu aux idéaux élevés de la famille. Sa jeunesse a été façonnée par les valeurs de travail acharné, d'intégrité et de service à la société. Élevé par sa grand-mère après la séparation de ses parents, Ratan a été exposé à la fois au privilège et à la responsabilité. Il a été éduqué dans des établissements prestigieux, y compris le Cathedral and John Connon School à Mumbai et l'Université Cornell aux États-Unis, où il a étudié l'architecture avant de se tourner vers les affaires.

Lorsque Ratan a pris la tête de Tata Sons en 1991, l'Inde traversait une révolution économique, ouvrant ses marchés à la concurrence mondiale pour la première fois. Le leadership de Ratan coïncidait avec une période de transformation spectaculaire pour le groupe Tata, qui était encore largement une entreprise domestique, bien qu'une géante. Suivant les traces de ses ancêtres, Ratan a cherché à mondialiser les opérations de Tata tout en respectant les principes d'éthique commerciale et de responsabilité sociale qui étaient la marque de fabrique du nom Tata.

Ratan Tata est souvent décrit comme un "leader discret" qui menait par l'exemple plutôt qu'avec une rhétorique flamboyante. Sa vision était de maintenir le fort sens de la tradition du groupe tout en le modernisant pour l'ère mondiale. Sous sa direction, Tata a réalisé une série d'acquisitions audacieuses, y compris l'achat de **Tetley Tea** en 2000, **Corus Steel** en 2007, et **Jaguar Land Rover** en 2008. Ces mouvements non seulement ont élargi l'empreinte mondiale de Tata, mais ont également positionné le groupe en tant que leader international dans divers secteurs.

Malgré ses réalisations dans l'expansion des intérêts commerciaux du groupe, Ratan n'a jamais perdu de vue la mission plus large de la famille Tata. Tout au long de son mandat, il a mis l'accent sur la responsabilité sociale des entreprises, veillant à ce qu'une part significative des bénéfices de Tata soit réinvestie dans des initiatives sociales. Les **Tata Trusts**, qui contrôlent la majorité des actions de l'entreprise, sont fortement impliqués dans la philanthropie, se concentrant sur des domaines tels que l'éducation, la santé et le développement rural. Le leadership de Ratan a maintenu l'équilibre entre innovation et service public, honorant l'héritage de sa famille tout en le propulsant vers l'avenir.

Une Dynastie de Leadership Éthique

Le style de leadership de la famille Tata est unique par son accent sur la croissance à long terme, l'impact sociétal et la gouvernance d'entreprise. Le mandat de Ratan Tata est un témoignage de cette philosophie. Sa capacité à allier tradition familiale et pratiques commerciales modernes a solidifié sa place en tant que l'un des leaders les plus influents de la dynastie Tata.

Alors que de nombreuses entreprises familiales peinent à s'adapter d'une génération à l'autre, les Tata ont prospéré, en grande partie grâce à leur capacité à évoluer sans abandonner leurs valeurs fondamentales. L'engagement de Ratan Tata envers l'éthique, la responsabilité sociale et l'innovation a non seulement assuré le succès continu du groupe, mais a également cimenté son propre héritage en tant que successeur digne de ses ancêtres. À bien des égards, Ratan illustre la contribution durable de la famille Tata à l'industrialisation et à la stature mondiale de l'Inde. À travers leurs entreprises, leurs initiatives philanthropiques et leur leadership éthique, les Tata ont non seulement construit un empire mais ont également aidé à construire une nation.

Éducation et Jeunesse : Les Années Formatives de Ratan Tata à Bombay

Ratan Tata est né le 28 décembre 1937, dans l'une des familles d'affaires les plus éminentes d'Inde. Sa jeunesse à Bombay (aujourd'hui Mumbai) a été marquée par le privilège, mais aussi par des défis personnels qui allaient insuffler en lui résilience, humilité et sens des responsabilités. Fils de Naval Tata, qui a ensuite été adopté dans la famille Tata, l'enfance de Ratan a été marquée par la séparation de ses parents alors qu'il n'avait que dix ans. Après la séparation, lui et son jeune frère Jimmy ont été élevés par leur grand-mère, Lady Navajbai Tata. La difficulté émotionnelle de cette période influencerait plus tard la préférence de Ratan pour une vie personnelle tranquille et ancrée, loin de l'attention du public.

Éducation dans des Écoles Élites

L'éducation de Ratan Tata a posé une base solide pour son succès futur, l'exposant aux traditions d'apprentissage indiennes et occidentales. Il a commencé sa scolarité à l'**École Campion** à Mumbai, un établissement prestigieux connu pour ses normes académiques rigoureuses et son approche holistique de l'éducation. Il a ensuite été transféré à l'**École Cathedral et John Connon**, une autre institution d'élite au cœur de Mumbai. Fondée au milieu du XIXe siècle, l'École Cathedral et John Connon a la réputation de former les esprits des futurs leaders de l'Inde, offrant une combinaison d'instruction académique de style britannique et un fort accent sur le développement du caractère.

Ces premières années à l'École Cathedral et John Connon ont été formatrices, car elles ont introduit Ratan à divers domaines d'étude et ont encouragé la pensée critique. L'accent mis par l'école sur l'excellence académique et les activités parascolaires lui a également inculqué une approche équilibrée de la vie, combinant curiosité intellectuelle et sens du devoir envers autrui.

Après avoir terminé son éducation en Inde, Ratan a poursuivi ses études à l'**École Bishop Cotton** à Shimla, l'une des plus anciennes écoles de pensionnat d'Inde. Située dans les collines sereines de l'Himachal Pradesh, Bishop Cotton offrait un environnement discipliné, mettant l'accent sur le leadership, l'intégrité et la réussite académique. Ratan a prospéré dans ce cadre, où il a été encouragé à penser de manière indépendante et à poursuivre ses intérêts au-delà de la salle de classe.

Transition vers les États-Unis : Cornell et Harvard

En 1955, Ratan s'est rendu aux États-Unis pour poursuivre son éducation à l'**École Riverdale Country** à New York, une école privée d'élite connue pour son programme d'études progressif et exigeant. Riverdale a élargi sa vision du monde, l'exposant à de nouvelles idées et opportunités, marquant le début de son éducation internationale. Après son séjour là-bas, il s'est inscrit à l'**Université Cornell**, ayant initialement l'intention d'étudier le génie mécanique. Cependant, après deux ans, il a changé de spécialité pour l'architecture, attiré par ses défis créatifs et structurels.

Cornell a été une expérience décisive pour Ratan Tata. Le mélange d'éducation technique et d'arts a nourri son côté créatif, qui influencerait plus tard son approche de la résolution de problèmes et de l'innovation dans les affaires. Sa formation en architecture, qui mettait l'accent sur la précision et la créativité, est quelque chose qu'il attribuait à sa capacité à penser stratégiquement dans le monde des affaires. C'est également à Cornell que Ratan a développé sa passion pour le vol, prenant des leçons et obtenant un brevet de pilote.

Après avoir obtenu son diplôme de Cornell en 1962, Ratan est retourné en Inde. Cependant, il a ensuite fréquenté la **Harvard Business School**, complétant le Programme de Management Avancé en 1975, ce qui l'a aidé à affiner ses compétences en leadership. L'accent mis par Harvard sur les défis commerciaux du monde réel et la prise de décision exécutive était un complément parfait à son expérience pratique au sein du groupe Tata, qu'il avait déjà rejoint à son retour de Cornell.

Une Base Solide pour un Leadership Futur

L'éducation précoce de Ratan Tata lui a fourni à la fois un solide bagage académique et une compréhension approfondie des perspectives mondiales. Ses années formatrices dans certaines des meilleures écoles d'Inde, associées à son temps à Cornell et Harvard, ont façonné sa vision tournée vers l'avenir. Cela lui a également inculqué l'importance de l'humilité et du leadership éthique, des qualités qui allaient définir son mandat en tant que président du groupe Tata.

Cette éducation, combinée aux leçons de vie tirées de son enfance et aux valeurs de sa famille, a posé les bases pour que Ratan Tata puisse non seulement diriger l'un des conglomérats les plus influents de l'Inde, mais aussi le faire avec un accent sur l'innovation, l'intégrité et l'impact social.

Cornell et Harvard : Façonner la Vision Globale de Ratan Tata

Le parcours éducatif de Ratan Tata aux États-Unis, qui comprend ses études à **l'Université Cornell** et à **Harvard Business School**, a été crucial pour façonner sa perspective globale et son style de leadership. Ces expériences lui ont inculqué non seulement des connaissances techniques mais aussi la capacité de penser de manière créative, stratégique et globale — des qualités qui allaient plus tard définir son leadership au sein du Groupe Tata.

Université Cornell : Architecture et Pensée Créative

La décision de Ratan Tata d'étudier l'architecture à Cornell a marqué un tournant dans son développement intellectuel. Initialement inscrit en génie mécanique, Tata a changé pour l'architecture après deux ans, une décision qui reflétait sa passion innée pour le design et la résolution de problèmes. L'architecture, avec son accent sur l'équilibre entre créativité et structure, a fourni à Tata une lentille unique à travers laquelle voir le monde. Il a appris la valeur d'une planification précise, d'une conscience spatiale, et la nécessité d'aborder les problèmes sous plusieurs angles — toutes des caractéristiques qui se sont révélées inestimables dans le monde des affaires.

Un des principaux enseignements tirés du temps de Tata à Cornell a été d'apprendre à intégrer des idées apparemment disparates en solutions cohérentes et innovantes. En architecture, il parlait souvent de l'importance de ne pas se cantonner à un seul concept mais d'être prêt à essayer et échouer à plusieurs reprises jusqu'à trouver la bonne solution. Cette approche a bien résonné dans ses futures stratégies commerciales, où l'innovation était un élément central de la vision de Tata pour l'expansion mondiale du groupe.

De plus, l'environnement académique diversifié et rigoureux de Cornell a exposé Tata à un large éventail d'idées et de perspectives mondiales. Il a interagi avec des étudiants de différents pays et domaines d'études, ce qui a élargi sa vision du monde. Cette exposition aux processus de pensée internationaux influencerait plus tard ses aventures commerciales mondiales, en particulier son accent sur les acquisitions transfrontalières et les partenariats globaux qui ont propulsé le Groupe Tata vers une renommée internationale.

Harvard Business School : Leadership Stratégique

En 1975, Ratan Tata a poursuivi son éducation à **Harvard Business School**, où il a complété le Programme de Management Avancé. La méthode des études de cas de Harvard, qui se concentre sur des défis commerciaux réels, a permis à Tata d'approfondir sa compréhension de la prise de décision stratégique. Le programme était conçu pour peaufiner les compétences en leadership et aborder des problèmes commerciaux complexes, et Tata a intégré ces leçons dans sa philosophie de leadership en évolution.

À Harvard, Tata a affûté sa capacité à penser de manière stratégique et globale. Il a été introduit aux pratiques de gestion de pointe, notamment dans les domaines de la gouvernance d'entreprise, de l'innovation et de la croissance durable. Cette expérience a élargi sa compréhension du fonctionnement des grandes organisations diversifiées à l'échelle mondiale. Cette compréhension jouerait plus tard un rôle crucial lorsque Tata a navigué dans les complexités de la transformation du Groupe Tata d'un acteur principalement national vers un conglomérat mondial.

Harvard a également renforcé la conviction de Tata en un leadership éthique et l'importance de l'équilibre entre profit et objectif. L'environnement de l'école de commerce, immergé dans des discussions sur la responsabilité d'entreprise et la durabilité à long terme, était en adéquation avec les propres valeurs de Tata. Ces leçons ont été instrumentales dans la formation de son style de leadership, qui combinait des mouvements audacieux et innovants avec un fort engagement envers le bien social.

Une Vision pour l'Avenir : Expansion Globale et Innovation

L'éducation de Ratan Tata aux États-Unis a profondément influencé sa vision pour le Groupe Tata. Lorsqu'il a pris la présidence en 1991, Tata a hérité d'un conglomérat bien établi mais axé sur le marché intérieur. Ses expériences à Cornell et à Harvard, cependant, l'ont équipé d'un état d'esprit pour penser au-delà des frontières nationales. Il a été l'un des premiers industriels indiens à poursuivre une expansion mondiale agressive, menant le Groupe Tata vers de nouveaux marchés et industries. Sous sa direction, Tata a réalisé plusieurs acquisitions médiatisées, notamment Tetley Tea (Royaume-Uni), Corus Steel (Royaume-Uni) et Jaguar Land Rover (Royaume-Uni), transformant l'entreprise en un acteur mondial.

L'état d'esprit architectural qu'il a développé à Cornell — en particulier la capacité à combiner forme et fonction — était évident dans son approche de l'innovation. Ratan Tata a défendu des projets comme la Tata Nano, la voiture la moins chère du monde, comme une solution aux défis de transport en Inde, alliant accessibilité et design. Il a également soutenu l'initiative de Tata Motors dans les véhicules électriques, montrant une vision tournée vers l'avenir ancrée dans la durabilité et l'innovation.

De même, sa formation à Harvard lui a permis de gérer les complexités du vaste et diversifié portefeuille de Tata. Le Programme de Management Avancé lui a donné les outils pour rationaliser les opérations, consolider les filiales et mettre en œuvre des changements stratégiques qui ont renforcé la marque Tata à l'échelle mondiale. Sa vision globale, couplée à une profonde compréhension des dynamiques de marché, lui a permis de diriger Tata à travers une période de transformation immense.

Début de Carrière : Début à Tata Steel à Jamshedpur

Les débuts de Ratan Tata à **Tata Steel** à Jamshedpur constituent un chapitre significatif de sa vie, car ils ont posé les bases du rôle de leadership qu'il assumerait finalement. Cette phase de son parcours n'a pas été celle d'un privilège immédiat ou de réunions de conseil confortables ; elle a été définie par le travail acharné, un apprentissage pratique et une immersion profonde dans le côté opérationnel de l'entreprise familiale.

Après avoir terminé ses études d'architecture à l'Université Cornell en 1962 et être rentré en Inde, Ratan Tata était censé rejoindre le Groupe Tata. Cependant, au lieu d'être propulsé vers un bureau d'entreprise, il a commencé sa carrière à Tata Steel à Jamshedpur, l'une des plus anciennes et des plus grandes villes industrielles de l'Inde. Son point d'entrée ? Le sol de l'atelier.

Apprendre de la Base : L'Expérience du Sol de l'Atelier

Chez Tata Steel, Ratan Tata a occupé un rôle modeste en tant que stagiaire sur le sol de l'usine, où il travaillait aux côtés des ouvriers. Il a été assigné à des tâches subalternes comme la manipulation des hauts fourneaux et le déblaiement de la pierre à chaux. Cette expérience n'était pas symbolique ; c'était une tentative délibérée de la famille Tata, en particulier de JRD Tata, de s'assurer que Ratan apprenne le métier de la base. C'était également un reflet de la philosophie du groupe selon laquelle le leadership doit être construit sur la compréhension de chaque couche de l'entreprise, de ses opérations stratégiques les plus élevées aux activités de production les plus basiques.

Cette immersion dans le monde du secteur de la production d'acier, rude et intensif en main-d'œuvre, a été décisive pour Ratan Tata. Elle lui a donné une vue sans filtre des réalités auxquelles les travailleurs étaient confrontés et une compréhension directe des processus qui alimentaient l'énorme industrialisation du Groupe Tata. Il a développé un profond respect pour la main-d'œuvre et les complexités des opérations industrielles. Cette période a également affûté ses compétences en résolution de problèmes et lui a appris l'importance de l'efficacité, de la discipline et du travail d'équipe en fabrication.

Les Défis de Jamshedpur

Jamshedpur elle-même était un endroit unique. Fondée par Jamsetji Tata, la ville abritait Tata Steel et était devenue un modèle de planification urbaine industrielle. Cependant, la vie dans la ville sidérurgique était difficile. Ce n'était pas l'environnement cosmopolite de Mumbai ou le centre intellectuel de New York où Ratan avait passé ses années académiques. Les conditions difficiles de l'environnement industriel de Jamshedpur posaient des défis personnels et professionnels pour Ratan Tata, mais elles l'ancrèrent également dans les réalités de la gestion d'opérations à grande échelle.

Durant cette période, Tata a également noué des relations étroites avec les travailleurs et les managers sur le sol de l'atelier, apprenant l'importance des relations de travail et le rôle crucial de la communication dans la gestion d'une opération réussie. Son temps à Jamshedpur laisserait une empreinte durable sur lui, façonnant ses vues sur le leadership et renforçant l'engagement du Groupe Tata envers le bien-être des employés et la responsabilité sociale.

Leçons Précoces en Leadership

L'expérience pratique de Ratan Tata à Tata Steel lui a fourni une formation accélérée en leadership. Il a appris à gérer les défis opérationnels quotidiens et à prendre des décisions sous pression. Peut-être plus important encore, cette période l'a exposé aux complexités de la structure et de la culture de gestion de Tata Steel, qui étaient ancrées dans les idéaux d'une entreprise éthique et d'un engagement envers le développement de la nation.

Cette phase de sa carrière coïncidait également avec des changements plus larges au sein du Groupe Tata. L'environnement économique de l'Inde évoluait, tout comme les défis auxquels faisaient face les entreprises Tata. Les premières années de Ratan Tata à Tata Steel lui ont donné un aperçu de première main des difficultés de la gestion d'une entreprise héritée dans un monde en mutation. Il a compris la nécessité de modernisation et d'innovation, des leçons qui informeraient ses futurs efforts pour mondialiser le Groupe Tata.

Transition vers le Leadership Corporate

Après son temps à Tata Steel, Ratan Tata a progressivement évolué vers des rôles plus significatifs au sein du Groupe Tata. Son expérience précoce sur le sol de l'atelier lui avait fourni une compréhension approfondie des aspects opérationnels de l'entreprise, et cela lui serait utile en prenant des responsabilités de leadership plus importantes. Cependant, son ascension au sein du groupe n'a pas été sans défis. La génération précédente de dirigeants Tata, habituée à un style de gestion plus traditionnel, résistait souvent aux idées de Ratan Tata pour la réforme et la modernisation. Mais son ancrage dans les réalités opérationnelles du groupe, associé à sa vision d'innovation et d'expansion mondiale, l'a finalement aidé à surmonter ces obstacles. Au moment où il est devenu président de Tata Sons en 1991, Ratan Tata avait déjà bâti une réputation pour son éthique de travail, son humilité et sa capacité à naviguer à la fois dans les aspects pratiques et stratégiques des affaires. Ses débuts à Tata Steel ont été instrumentaux dans la formation du leader qu'il allait devenir — un homme qui valorisait à la fois les personnes qui travaillaient pour lui et la durabilité à long terme de l'entreprise.

Un Héritage Durable de Jamshedpur

Le temps de Ratan Tata à Tata Steel a été bien plus qu'un rite de passage ; c'était le creuset dans lequel son style de leadership a été forgé. Les leçons qu'il a tirées à Jamshedpur sur l'efficacité opérationnelle, le bien-être des employés et la gouvernance éthique seraient devenues les pierres angulaires de sa philosophie de leadership. Ses expériences au cours de ces premières années informeraient non seulement la manière dont il dirigerait Tata Steel mais également les décisions qu'il prendrait en tant que président du Groupe Tata, le guidant à travers une période d'expansion et de transformation mondiale significative.

À bien des égards, la carrière précoce de Tata chez Tata Steel illustre sa croyance de longue date en un leadership de service — l'idée que pour diriger efficacement, il faut d'abord comprendre et servir ceux qui travaillent sous ses ordres. Cet ethos le suivrait tout au long de son mandat, veillant à ce que le Groupe Tata reste non seulement un conglomérat prospère mais également l'une des entreprises les plus respectées au monde, connue pour son engagement envers l'excellence commerciale et le bien social.

Chapitre 2 : Un Héritier Réticent Prend les Rênes – La Transition du Leadership

Le Passage de J.R.D. Tata : Les Défis de la Succession d'une Légende en 1991

Lorsque Ratan Tata a pris la présidence de **Tata Sons** en 1991, il a dû relever la tâche monumentale de succéder à son légendaire oncle, **J.R.D. Tata**. J.R.D. avait été à la tête du Groupe Tata pendant plus de cinq décennies, et sous sa direction, le conglomérat avait prospéré, consolidant sa place en tant que pilier de l'industrie indienne. La transition n'était pas seulement un changement de leadership — c'était un bouleversement sismique pour le Groupe Tata et pour Ratan lui-même. À bien des égards, Ratan entrait dans les chaussures d'une figure qui n'était pas seulement son prédécesseur mais aussi une icône nationale, aimée pour son leadership, son intégrité et ses contributions à l'industrialisation de l'Inde.

L'Héritage de J.R.D. Tata : Une Tâche Difficile à Suivre

J.R.D. Tata, qui a pris la présidence en 1938, était un pionnier de l'aviation indienne, fondateur de **Air India**, et un visionnaire qui a élargi le Groupe Tata dans des secteurs comme les produits chimiques, les hôtels, l'acier et l'énergie. Il était admiré pour son profond engagement envers le bien-être des employés et pour avoir transformé Tata en un conglomérat synonyme de pratiques commerciales éthiques. Son style de leadership était décontracté, permettant aux responsables des nombreuses filiales de Tata une grande autonomie opérationnelle. Cela a créé une structure décentralisée où chaque entreprise fonctionnait quelque peu de manière indépendante, contribuant à la nature diverse et tentaculaire du groupe.

Pour Ratan Tata, succéder à J.R.D. signifiait non seulement poursuivre cet héritage, mais aussi trouver un moyen de remodeler le conglomérat pour un monde en rapide évolution. En 1991, l'Inde connaissait d'importantes réformes économiques, s'ouvrant aux marchés et à la concurrence mondiaux, ce qui nécessitait une adaptation du groupe Tata. Le long et illustre mandat de J.R.D. avait permis au groupe d'évoluer de manière organique. Ratan, en revanche, avait une vision plus structurée pour l'avenir du groupe, ce qui a inévitablement entraîné des défis pour prendre ses fonctions.

Résistance interne : Une main-d'œuvre traditionaliste

L'une des plus grandes pressions auxquelles Ratan Tata a été confronté était la résistance interne de la génération plus âgée des dirigeants de Tata. Le long mandat de J.R.D. avait favorisé une culture de gestion indépendante et cloisonnée au sein des filiales de Tata. Beaucoup de ces entreprises avaient leurs propres équipes de direction de longue date, qui étaient loyales envers J.R.D. et skeptiques face aux idées relativement modernes et progressistes de Ratan.

Ratan a rapidement réalisé que l'un de ses principaux défis serait de consolider le pouvoir au sein du groupe tout en mettant en œuvre des changements dans sa structure de management. Son approche plus centralisée visait à rationaliser les opérations et à créer des synergies entre les différentes entreprises Tata. Cela constituait un écart marqué par rapport au style de leadership de J.R.D., et cela a entraîné des frictions. Des managers de longue date, dont beaucoup étaient dans l'entreprise depuis des décennies, ont résisté aux appels de Ratan à l'innovation, à de nouveaux talents et à un contrôle renforcé.

Cette résistance était aggravée par la personnalité relativement discrète de Ratan Tata par rapport à J.R.D. Alors que J.R.D. était une figure charismatique et plus grande que nature, Ratan était plus calme et réservé. Certains des dirigeants se demandaient si Ratan pourrait inspirer et diriger le groupe avec la même confiance et le même flair que ceux incarnés par J.R.D.

Réformes économiques et mondialisation : Une nouvelle ère

Lorsque Ratan Tata a pris la direction, l'Inde était en train de libéraliser son économie. Les réformes économiques de 1991, pilotées par le Premier ministre P.V. Narasimha Rao et le ministre des Finances Manmohan Singh, ont ouvert une ère de mondialisation, réduisant les tarifs douaniers, supprimant les restrictions sur les investissements étrangers et permettant aux entreprises indiennes de rivaliser à l'échelle mondiale.

Pour Tata, cela signifiait transformer un groupe qui avait surtout des opérations domestiques en un capable de rivaliser à l'international. Alors que le leadership de J.R.D. s'était concentré sur le renforcement de la position du groupe en Inde, Ratan comprenait que l'avenir résidait dans l'expansion au-delà des frontières de l'Inde. Cette vision mondiale nécessitait que Tata réorganise ses activités, abandonne les projets non essentiels ou peu rentables et renforce sa présence dans des secteurs à potentiel international.

La pression pour naviguer dans ce changement était immense. Ratan Tata devait non seulement guider le groupe à travers les réformes économiques, mais aussi s'assurer que les valeurs traditionnelles et les pratiques éthiques de l'entreprise demeurent intactes face à la concurrence accrue et aux exigences d'un marché mondialisé.

Décisions clés et réformes

Les premières mesures significatives de Ratan Tata ont été d'instaurer un âge de la retraite pour les cadres supérieurs et de veiller à ce que toutes les entreprises Tata rendent directement compte au bureau central de Tata Sons. Cela constituait un défi direct au statu quo, où les filiales jouissaient d'une grande autonomie. De nombreux managers de longue date ont vu ces mesures comme une atteinte à leur liberté, ce qui a entraîné une résistance supplémentaire. Cependant, Ratan était convaincu qu'une structure plus unifiée permettrait au groupe Tata d'opérer plus efficacement et stratégiquement sur la scène mondiale.

Il a également commencé à promouvoir un leadership plus jeune, reconnaissant que des talents frais étaient nécessaires pour innover et faire avancer l'entreprise. Avec le temps, ses efforts ont porté leurs fruits, l'infusion de nouvelles idées et d'énergie revitalisant le groupe. Mais ces premières années ont été difficiles, marquées par un équilibre délicat entre le respect de l'héritage de J.R.D. et la direction du groupe vers une ère plus moderne et compétitive.

Établir son propre héritage

Malgré la résistance initiale, la vision de Ratan Tata a finalement transformé le groupe. Son leadership a vu le groupe Tata réaliser certaines de ses acquisitions les plus significatives, y compris l'achat de **Tetley Tea, Corus Steel**, et **Jaguar Land Rover**. Ces mouvements ont métamorphosé Tata en un véritable conglomérat mondial, avec plus de 65 % de ses revenus provenant des marchés internationaux au moment où Ratan a pris sa retraite en 2012.

Le succès de Ratan Tata à naviguer à travers ces pressions et défis tout en maintenant la solide fondation éthique du groupe est un témoignage de son leadership. Au fil du temps, il a prouvé non seulement qu'il était un successeur digne de J.R.D., mais aussi un leader à part entière, qui a conduit le groupe Tata à travers une période de changement immense, le laissant plus fort et plus connecté au monde que jamais.

La transition de J.R.D. à Ratan Tata est souvent considérée comme un moment décisif dans l'histoire des affaires indiennes, marquant le passage d'un héritage d'industrialisation et de croissance nationale à celui de la mondialisation et de l'innovation.

Reconstruire le groupe Tata : Les efforts de modernisation et de rationalisation de Ratan Tata

Lorsque Ratan Tata a pris le poste de président en 1991, le groupe Tata était un vaste conglomérat avec des opérations dans de nombreux secteurs, allant de l'acier au thé, en passant par la chimie et l'automobile. Bien que cette diversité ait permis à Tata de prospérer sous la direction de J.R.D. Tata, elle avait également conduit à des inefficacités, des redondances et un manque de direction cohérente. Pour s'adapter à l'évolution du paysage économique des années 1990, tant en Inde qu'à l'échelle mondiale, Ratan s'est engagé dans une série d'efforts de modernisation pour rationaliser les opérations, consolider les petites unités et positionner Tata comme un acteur mondial plus agile et compétitif.

1. Centralisation du contrôle et restructuration du leadership

L'une des premières réformes majeures de Ratan Tata a été de renforcer la centralisation dans la gestion du groupe Tata. Sous J.R.D. Tata, le conglomérat fonctionnait de manière hautement décentralisée, avec de nombreuses filiales agissant comme des fiefs indépendants. Cette autonomie était efficace dans une économie pré-libéralisée, mais devenait de plus en plus problématique face à la concurrence mondiale. Pour y remédier, Ratan a introduit des mesures pour centraliser le contrôle au sein de **Tata Sons**, la société holding qui supervise le groupe.

Il a mis en place un **âge de la retraite obligatoire** pour les cadres supérieurs, un mouvement significatif pour faire entrer des leaderships frais et plus jeunes. Cela a été controversé, car de nombreux responsables des filiales de Tata étaient en poste depuis des décennies et résistaient au changement. Cependant, Ratan reconnaissait que des talents plus jeunes, avec des perspectives plus dynamiques et mondiales, étaient nécessaires pour revitaliser le groupe et le diriger vers l'avenir.

De plus, il a restructuré la manière dont les filiales rendaient compte au bureau central. Sous sa direction, toutes les entreprises Tata devaient rendre compte directement à **Tata Sons**, resserrant ainsi le contrôle et garantissant une direction stratégique unifiée. Cela constituait un départ marqué par rapport à l'ère précédente, où les entreprises opéraient avec une autonomie significative. L'insistance de Ratan sur la responsabilité et la gouvernance renforcée a créé une organisation plus rationalisée, avec une surveillance plus claire de la performance financière et de l'efficacité opérationnelle.

2. Rationalisation et abandon des activités non essentielles

Ratan Tata comprenait que bien que la diversité de Tata soit une force, elle créait également des défis pour maintenir le focus. Le groupe avait accumulé une variété d'entreprises non essentielles, dont beaucoup ne généraient pas les retours nécessaires pour rivaliser à l'échelle mondiale. Dès le début de son mandat, il a entamé un processus d'**abandon des industries non essentielles** et de consolidation des opérations autour des compétences clés du groupe.

Cela impliquait de se désengager d'entreprises qui ne s'alignaient plus sur la vision à long terme de Tata. Par exemple, Tata a quitté des secteurs comme le textile et le ciment, qui n'étaient plus considérés comme des priorités stratégiques. Les revenus tirés de ces ventes ont été réinvestis dans des industries offrant un potentiel de croissance plus élevé, comme l'acier, l'automobile et la technologie. Ratan n'avait pas peur de prendre des décisions difficiles pour réduire le conglomérat, croyant que c'était nécessaire pour la santé et la croissance globales du groupe.

En même temps, Tata a poursuivi la consolidation au sein des industries clés. Par exemple, **Tata Steel** a subi une restructuration majeure durant le mandat de Ratan, se concentrant sur la modernisation, la réduction des coûts et l'expansion de la capacité. Il également dirigé des efforts pour intégrer les opérations des différentes entreprises Tata, éliminant les redondances et améliorant l'efficacité au sein du groupe.

3. Focalisation sur l'innovation et la modernisation

Une des convictions fondamentales de Ratan Tata était que le groupe devait être **innovant et tourné vers l'avenir** pour rester compétitif dans une économie mondialisée en rapide évolution. Il a encouragé la modernisation dans toutes les entreprises clés de Tata, en particulier dans des secteurs comme l'automobile, l'acier et les télécommunications.

Tata Motors, par exemple, a subi une transformation significative sous la direction de Ratan Tata. Il a soutenu le développement de nouveaux véhicules tels que la **Tata Indica**, qui était la première voiture indigène de l'Inde. L'exemple le plus célèbre de son attention à l'innovation a été le lancement de la **Tata Nano** en 2008, la voiture la plus abordable au monde, destinée à fournir une solution économique aux besoins de transport en Inde. Bien que la Nano n'ait pas atteint un succès commercial à long terme, elle symbolisait l'engagement de Tata à repousser les limites de ce que la fabrication indienne pouvait réaliser.

Dans l'industrie de l'acier, **Tata Steel** a modernisé ses usines et élargi son empreinte mondiale grâce à des acquisitions stratégiques. Cela comprenait l'achat très médiatisé de **Corus Steel** en 2007, qui a fait de Tata Steel l'un des plus grands producteurs d'acier au monde. La vision de Ratan pour Tata Steel impliquait de moderniser les processus de production pour rendre l'entreprise plus compétitive à l'international, tout en la positionnant comme un acteur clé sur les marchés mondiaux.

4. Acquisitions mondiales et expansion internationale

Une partie clé de la stratégie de Ratan Tata pour moderniser le groupe Tata était d'étendre sa présence internationale. Son accent sur les acquisitions mondiales était un départ audacieux de l'approche plus introspective des précédentes directions. L'acquisition de marques mondiales telles que **Tetley Tea** (Royaume-Uni) en 2000, **Jaguar Land Rover** (Royaume-Uni) en 2008, et **Corus Steel** (Royaume-Uni) a transformé Tata d'une entreprise principalement indienne en un acteur mondial.

Ces acquisitions ne visaient pas seulement à accroître les revenus de Tata, mais faisaient partie de la vision à long terme de Ratan pour repositionner le groupe sur la scène mondiale. L'acquisition de **Jaguar Land Rover**, par exemple, a marqué l'entrée de Tata Motors sur le marché automobile de luxe, élargissant considérablement sa présence internationale. Les mouvements stratégiques de Ratan sur le marché mondial ont démontré son ambition de transformer Tata en un conglomérat de classe mondiale capable de rivaliser avec les plus grands noms de l'industrie.

5. Maintien d'une gouvernance éthique et responsabilité sociale

Tout au long du processus de modernisation et de restructuration, Ratan Tata est resté profondément attaché aux valeurs fondamentales du groupe en matière de **gouvernance éthique** et de **responsabilité sociale**. Il a veillé à ce que le succès du groupe Tata soit toujours aligné avec un engagement envers l'amélioration de la société. Les **Tata Trusts**, qui contrôlent une grande partie de la richesse du groupe, ont continué à financer des efforts philanthropiques dans les domaines de l'éducation, de la santé et du développement rural durant son mandat.

Tout en modernisant le groupe, Ratan a maintenu un fort accent sur la **durabilité** et la **responsabilité sociale des entreprises**. Le groupe a investi dans l'énergie verte et les technologies durables, veillant à ce que la modernisation des opérations de Tata ne se fasse pas au détriment de la responsabilité environnementale. Cet équilibre entre progrès et éthique est devenu une caractéristique emblématique du leadership de Ratan Tata.

Résistance interne : Surmonter le scepticisme et gagner les critiques

Lorsque Ratan Tata est devenu président du groupe Tata en 1991, il a été confronté à une résistance interne significative au sein de l'organisation. Beaucoup des cadres supérieurs du groupe, loyaux envers son prédécesseur J.R.D. Tata, étaient sceptiques quant au style de leadership de Ratan et à ses plans de modernisation. Cette résistance provenait de plusieurs facteurs : une préférence profondément enracinée pour le style de gestion décentralisé que J.R.D. avait défendu, une réticence à accepter la vision à long terme de Ratan pour le groupe, et la conviction que le jeune Tata, plus réservé et moins flamboyant que son oncle, manquait du charisme nécessaire pour diriger un si vaste conglomérat.

Défis de l'héritage d'un empire décentralisé

Sous J.R.D. Tata, le groupe Tata s'était développé en un empire décentralisé, où les responsables des diverses filiales fonctionnaient avec une autonomie considérable. Cette structure offrait à des entreprises comme Tata Steel, Tata Motors et Tata Chemicals la liberté de prendre des décisions indépendantes. Cependant, au moment où Ratan Tata a pris le relais, ce modèle décentralisé avait créé des inefficacités et un manque de direction cohérente au sein du conglomérat.

Les cadres supérieurs s'étaient habitués à cette autonomie et étaient réticents au changement, en particulier lorsque Ratan a introduit des réformes visant à centraliser le contrôle et à rationaliser les opérations. Ses plans pour imposer des âges de départ à la retraite, introduire des évaluations de performance et faire en sorte que les différentes filiales rendent directement compte au bureau central étaient perçus comme un défi direct à leur autorité.

De plus, beaucoup au sein de l'entreprise considéraient Ratan Tata comme un outsider. Bien qu'il soit membre de la famille Tata, il avait passé une grande partie de sa carrière aux États-Unis et était perçu comme ayant moins d'expérience directe dans la gestion des divers intérêts commerciaux de Tata par rapport à J.R.D. Tata, qui avait été un leader actif pendant plus de 50 ans. Ce skepticisme a conduit à une période de tension interne alors que les anciens dirigeants, dont beaucoup occupaient leurs postes depuis des décennies, s'opposaient aux tentatives de Ratan de moderniser le groupe.

Gagner les critiques avec une vision à long terme

Malgré ce skepticisme, Ratan Tata est resté déterminé à sa vision de transformer Tata en un conglomérat compétitif à l'échelle mondiale. Son accent sur la croissance à long terme et l'innovation a progressivement commencé à convaincre ses détracteurs, alors que les résultats de ses réformes commençaient à porter leurs fruits.

Introduire un leadership plus jeune : L'un des premiers mouvements de Ratan a été d'introduire un âge de départ à la retraite obligatoire pour les cadres supérieurs. Cette décision, bien que controversée, lui a permis d'attirer des leaders plus jeunes et plus dynamiques, mieux équipés pour naviguer dans les défis d'une économie mondialisée. Au fil du temps, cette infusion de nouveaux talents a revitalisé le groupe et conduit à une plus grande efficacité et innovation au sein de ses filiales.

Acquisitions stratégiques et expansion mondiale : La vision audacieuse de Ratan Tata pour l'expansion mondiale a contribué à consolider son leadership au sein de l'entreprise. Des acquisitions de haut niveau, telles que **Tetley Tea** en 2000, **Corus Steel** en 2007 et **Jaguar Land Rover** en 2008, ont démontré sa capacité à penser stratégiquement et à positionner Tata comme un acteur mondial. Ces mouvements ont non seulement augmenté les revenus du groupe mais ont également diversifié son portefeuille, réduisant sa dépendance au marché indien. Bien qu'il y ait eu des préoccupations initiales concernant les risques impliqués dans de telles acquisitions massives, le succès de ces entreprises a fait taire de nombreux critiques au sein de l'organisation.

Accent sur l'innovation : L'accent mis par Ratan Tata sur l'innovation l'a également aidé à surmonter la résistance interne. Son soutien à des projets comme la **Tata Indica**, la première voiture développée en Inde, et la **Tata Nano**, la voiture la moins chère au monde, a mis en avant son engagement à développer de nouveaux produits répondant aux besoins du marché indien. Bien que toutes ces initiatives n'aient pas été commercialement réussies, elles ont renforcé la réputation de Tata en tant qu'entreprise prête à prendre des risques dans la recherche de l'innovation.

Responsabilité sociale des entreprises : Un autre élément clé pour gagner les skeptiques a été l'engagement indéfectible de Ratan en matière de responsabilité sociale des entreprises. Bien qu'il ait prôné la modernisation et la rentabilité, il n'a jamais perdu de vue l'héritage du groupe Tata en matière de pratiques commerciales éthiques et de bien-être social. Grâce aux **Tata Trusts**, le groupe a continué à investir dans l'éducation, les soins de santé et le développement rural, veillant à ce que le succès de l'entreprise profite à la société dans son ensemble. Cet accent sur la responsabilité sociale a aidé à aligner le leadership de Ratan avec les valeurs de longue date du groupe, lui valant la confiance et le respect de ceux qui avaient initialement douté de son approche.

Patience, persistance et un style de leadership discret

Contrairement à J.R.D. Tata, connu pour son style de leadership charismatique et public, Ratan Tata dirigeait d'une manière plus discrète et introspective. Sa personnalité réservée a d'abord rendu difficile pour lui de rallier les anciens dirigeants derrière sa vision, mais sa **patience** et sa **persistance** ont fini par porter leurs fruits. Au fil du temps, ses actions et les résultats de ses réformes ont parlé plus fort que ses mots.

La capacité de Ratan à rester fidèle à ses valeurs tout en transformant lentement mais sûrement le groupe Tata a finalement convaincu les sceptiques. Son succès à centraliser l'organisation, à mettre en œuvre des changements stratégiques et à maintenir un équilibre entre rentabilité et responsabilité sociale lui a permis de consolider son leadership et d'assurer la croissance à long terme du groupe.

Réformes éthiques : Établir de nouvelles normes en matière de gouvernance d'entreprise

Lorsque Ratan Tata a pris la présidence de Tata Sons en 1991, l'une de ses initiatives clés était de renforcer les **normes de gouvernance d'entreprise et d'éthique** au sein du vaste groupe d'entreprises Tata. Connu pour ses valeurs profondément ancrées d'intégrité et de transparence, l'engagement de Tata à réformer la gouvernance d'entreprise a eu un impact considérable, non seulement au sein du groupe Tata mais aussi dans l'industrie indienne. Ses réformes ont établi un nouveau standard pour les **pratiques commerciales éthiques** dans le pays, démontrant que rentabilité et éthique pouvaient aller de pair.

1. Gouvernance centralisée et responsabilité

Sous J.R.D. Tata, le groupe Tata fonctionnait avec une structure décentralisée, où chaque entreprise jouissait d'une autonomie significative. Bien que cette approche ait permis aux entreprises individuelles de croître, elle a également conduit à des inefficacités et à un manque de responsabilité. Ratan Tata a reconnu la nécessité d'une supervision plus étroite et d'une gouvernance centralisée pour garantir des normes cohérentes au sein du groupe.

Il a introduit une série de réformes visant à **renforcer la gouvernance d'entreprise.** Tout d'abord, il a exigé que toutes les entreprises Tata rendent compte directement à **Tata Sons**, la société holding, créant ainsi une chaîne de commandement et de responsabilité plus claire. Cela a contribué à établir une structure de gouvernance unifiée capable de superviser la performance financière et opérationnelle des différentes filiales du groupe.

De plus, Tata a souligné l'importance des **administrateurs indépendants** au sein des conseils d'administration des entreprises Tata. Cela a été une étape cruciale pour s'assurer que la prise de décision n'était pas uniquement dictée par des intérêts internes, mais également examinée par des experts externes et indépendants. Cette pratique d'indépendance du conseil est devenue un modèle de gouvernance d'entreprise à travers l'Inde, mettant en avant l'importance de la transparence et des contrepoids au sein des grandes organisations.

2. Établissement de normes éthiques

Les réformes éthiques de Ratan Tata ne se limitaient pas aux structures de gouvernance ; elles s'étendaient à la **conduite morale et éthique** des entreprises du groupe. Il a introduit un **code de conduite** pour les employés et les managers de Tata, qui soulignait des valeurs telles que l'intégrité, l'équité et la responsabilité. Ce code s'appliquait à toutes les entreprises Tata et visait à garantir que la réputation de longue date de Tata en matière de pratiques commerciales éthiques soit maintenue même avec l'expansion internationale du groupe.

Un des moments déterminants du leadership éthique de Tata est survenu lors du développement de la **Tata Indica**, la première voiture conçue et fabriquée en Inde. Tata Motors a fait face à des demandes de corruption de la part des responsables locaux lors du lancement du projet. Ratan Tata a refusé de payer des pots-de-vin, même si cette décision a retardé le projet. Cette position a renforcé l'engagement du groupe envers des pratiques commerciales propres, même dans des environnements où la corruption était rampante.

Le **Code de conduite Tata** a également souligné la responsabilité du groupe envers ses parties prenantes, y compris les employés, les clients, les actionnaires et les communautés dans lesquelles il opérait. Cette approche holistique de la gouvernance a aidé à établir Tata comme un modèle de responsabilité sociale des entreprises, bien avant que la RSE ne devienne une stratégie commerciale courante.

3. Transparence et communication

Un autre pilier des réformes de Ratan Tata a été l'accent mis sur la **transparence**. Il croyait que la gouvernance éthique nécessitait une communication ouverte, tant en interne qu'en externe. Sous sa direction, les entreprises Tata ont amélioré leurs divulgations financières et leurs normes de reporting, garantissant que les actionnaires et le public aient accès à des informations claires et précises sur les opérations du groupe.

Tata a également encouragé une culture de dialogue ouvert au sein de l'entreprise. Il croyait en l'**autonomisation des employés** pour exprimer leurs préoccupations et leurs idées, favorisant un environnement où la transparence n'était pas seulement une directive descendante mais une valeur partagée au sein de l'organisation. Cette culture d'ouverture s'est étendue aux relations avec les parties prenantes, où les entreprises Tata se sont engagées plus activement avec les clients, les fournisseurs et la communauté au sens large.

4. Leadership par l'exemple

Peut-être l'une des plus grandes contributions de Ratan Tata à la gouvernance éthique a été son propre **leadership par l'exemple**. Il était connu pour son intégrité personnelle et son style de vie modeste, malgré le fait de diriger l'un des plus grands et des plus prospères conglomérats d'affaires d'Inde. Son approche du leadership était ancrée dans l'humilité et un engagement envers le bien commun, des qualités qu'il a inculquées dans la culture d'entreprise.

L'implication personnelle de Tata dans la **philanthropie** a encore renforcé les fondations éthiques du groupe. Grâce aux **Tata Trusts**, qui contrôlent une grande partie de la richesse du groupe, Ratan Tata a veillé à ce qu'une part significative des bénéfices de l'entreprise soit réinvestie dans la société, finançant des initiatives dans l'éducation, les soins de santé et le développement rural. Son leadership a démontré que le succès commercial et la responsabilité sociale n'étaient pas mutuellement exclusifs mais pouvaient, en fait, se renforcer mutuellement.

5. Impact sur l'industrie indienne

Les réformes de Ratan Tata ont établi un nouveau standard pour les entreprises indiennes, dont beaucoup avaient été précédemment critiquées pour leur gouvernance d'entreprise laxiste et leurs pratiques éthiques. Ses efforts pour élever le niveau de la gouvernance ont influencé d'autres grands conglomérats indiens, entraînant des changements plus larges dans la façon dont les entreprises opéraient à travers le pays. L'exemple de Tata a montré que les entreprises indiennes pouvaient rivaliser sur la scène mondiale tout en maintenant de fortes normes éthiques.

Son accent sur les administrateurs indépendants, la transparence et la responsabilité sociale a également aligné le groupe Tata sur les meilleures pratiques mondiales en matière de gouvernance d'entreprise. Cela a aidé les entreprises Tata à sécuriser des investissements et des partenariats internationaux, car les investisseurs mondiaux reconnaissaient la valeur de faire affaire avec un groupe connu pour son intégrité.

Chapitre 3 : Construire un empire mondial – Acquisitions stratégiques

Lorsque Ratan Tata est devenu président du groupe Tata en 1991, il a hérité d'un conglomérat principalement axé sur le marché indien. Bien que Tata soit déjà l'une des plus grandes entités commerciales du pays, Ratan envisageait quelque chose de bien plus grand : transformer Tata en un **acteur mondial** capable de rivaliser avec les plus grandes entreprises du monde. Son approche pour y parvenir était audacieuse et décisive, centrée sur une série d'**acquisitions stratégiques** qui non seulement élargiraient l'empreinte du groupe mais élèveraient également son statut sur la scène mondiale.

La vision de Ratan Tata : rivaliser à l'échelle mondiale

Le leadership de Ratan Tata est survenu à une époque où l'Inde ouvrait son économie au monde grâce à la libéralisation économique. Reconnaissant les opportunités que présentait la mondialisation, Tata a vu la nécessité pour le groupe de croître au-delà des frontières indiennes, de diversifier ses sources de revenus et de rivaliser sur les marchés internationaux. Sa vision était de transformer le groupe Tata d'une entreprise principalement domestique en un conglomérat mondial avec une présence dans des secteurs clés tels que l'acier, l'automobile et les biens de consommation.

Pour Ratan Tata, l'expansion mondiale ne consistait pas seulement à entrer sur de nouveaux marchés ; il s'agissait de **transformer l'identité du groupe Tata**. Il voulait que Tata soit reconnu comme une marque de classe mondiale, connue pour sa qualité, son innovation et son leadership éthique. Pour y parvenir, Tata devait faire des investissements significatifs pour acquérir des entreprises mondiales bien établies, en particulier dans des secteurs où le groupe pouvait tirer parti de ses forces.

1. Acquisition de Tetley Tea (2000)

L'une des premières grandes acquisitions internationales de Ratan Tata a été l'achat de **Tetley Tea** en 2000 pour 450 millions de dollars. Cette acquisition a marqué un tournant pour le groupe Tata, car il s'agissait de la plus grande prise de contrôle d'une entreprise étrangère par une entité indienne à cette époque. Tetley était une marque britannique bien connue, et son acquisition a immédiatement donné à Tata Global Beverages (alors Tata Tea) une présence significative sur le marché international.

L'acquisition de Tetley a aidé Tata à accéder aux marchés mondiaux du thé et a donné au groupe un accès à de précieux réseaux de distribution en Europe et en Amérique du Nord. Plus important encore, elle a signalé l'ambition du groupe Tata de rivaliser avec les géants mondiaux des biens de consommation. La marque établie de Tetley a également offert à Tata une plateforme pour une expansion future dans le secteur des boissons, posant les bases d'une croissance future dans les produits de consommation.

2. Acquisition de Corus Steel (2007)

Le prochain grand mouvement de Ratan Tata est survenu en 2007 avec l'acquisition de **Corus Steel**, un fabricant d'acier britannique-néerlandais, pour 12 milliards de dollars. Cet accord a fait de Tata Steel l'un des plus grands producteurs d'acier au monde. À l'époque, Corus était près de quatre fois plus grand que Tata Steel, faisant de cette acquisition un mouvement audacieux et stratégique pour étendre l'empreinte mondiale de Tata dans l'industrie sidérurgique.

L'acquisition de Corus a été significative non seulement en raison de sa taille, mais aussi parce qu'elle a démontré la capacité de Tata à envisager grand et à exécuter des transactions internationales complexes. Tata Steel, traditionnellement axée sur le marché indien, avait désormais accès à des technologies de production d'acier avancées et une présence en Europe, où Corus avait de solides relations clients.

Cette acquisition a également permis à Tata Steel de diversifier sa gamme de produits, en allant au-delà de l'acier de qualité standard pour proposer des produits à plus forte valeur ajoutée destinés aux industries automobile et de la construction.

Bien que l'acquisition de Corus ait présenté des défis—en particulier la crise financière mondiale de 2008 qui a affecté la demande d'acier—la stratégie à long terme de Tata Steel a bénéficié de cette opération. Elle a permis à Tata de se positionner comme un acteur clé sur le marché mondial de l'acier, capable de rivaliser avec d'autres géants mondiaux tels qu'ArcelorMittal.

3. Acquisition de Jaguar Land Rover (2008)

Peut-être l'une des acquisitions mondiales les plus emblématiques de Ratan Tata a été l'achat de **Jaguar Land Rover (JLR)** en 2008 auprès de Ford Motor Company pour 2,3 milliards de dollars. Cette acquisition a été considérée comme très ambitieuse, car Jaguar et Land Rover étaient des marques en difficulté à l'époque, accablées par des pertes financières et des questions sur leur viabilité à long terme.

Malgré ces défis, Ratan Tata a vu un potentiel dans ces marques et croyait qu'avec le bon investissement et une direction stratégique, elles pouvaient être redressées. Sa confiance était bien placée. Sous la propriété de Tata, JLR a connu un remarquable renouveau. En se concentrant sur l'innovation, le luxe et l'expansion sur des marchés émergents comme la Chine, JLR est devenue l'une des divisions les plus rentables du groupe.

L'acquisition de JLR a non seulement propulsé Tata Motors dans le secteur mondial de l'automobile de luxe, mais a également positionné l'entreprise comme un acteur significatif dans l'industrie automobile internationale. Cela témoignait de la vision de Ratan Tata et de sa capacité à identifier des actifs sous-évalués avec un potentiel de croissance. Le redressement de JLR est souvent cité comme l'une des acquisitions les plus réussies dans l'industrie automobile mondiale.

4. Expansion de l'influence mondiale

Au-delà de ces acquisitions très médiatisées, Ratan Tata a poursuivi d'autres projets mondiaux qui ont contribué à la présence internationale du groupe. Tata Chemicals s'est ouvert au marché mondial grâce à l'acquisition de **General Chemical Industrial Products**, un producteur américain de carbonate de soude. Pendant ce temps, Tata Consultancy Services (TCS) est devenue l'une des plus grandes entreprises de services informatiques au monde, avec des opérations dans plus de 40 pays.

Ces acquisitions faisaient partie d'une stratégie plus large visant à diversifier les sources de revenus de Tata et à réduire sa dépendance au marché indien. En s'ouvrant à l'international, Tata a non seulement gagné l'accès à de nouveaux clients et technologies, mais a également atténué les risques liés à l'exploitation sur un seul marché.

Une vision à long terme

Les ambitions mondiales de Ratan Tata étaient motivées par une vision à long terme. Il comprenait que bien que ces acquisitions ne génèrent pas de rendements immédiats, elles positionneraient le groupe Tata pour une croissance durable au cours des prochaines décennies. Son accent sur l'acquisition de marques mondiales établies a permis à Tata de se développer rapidement et de rivaliser avec des géants internationaux.

Ratan Tata a également veillé à ce que l'expansion de Tata soit conforme aux **principes éthiques** du groupe. Il a insisté pour que les projets mondiaux de Tata respectent les mêmes normes de gouvernance d'entreprise, de durabilité et de responsabilité sociale qui définissent les opérations du groupe en Inde.

Tetley Tea (2000) : Un mouvement audacieux dans l'expansion mondiale

L'acquisition de **Tetley Tea** en 2000 a marqué un moment déterminant pour le groupe Tata et une déclaration claire des ambitions mondiales de Ratan Tata. À l'époque, il s'agissait de la plus grande prise de contrôle d'une entreprise étrangère par une société indienne, marquant l'entrée sérieuse de Tata sur les marchés internationaux. L'achat de la société britannique de thé pour **271 millions de livres sterling** (environ 450 millions de dollars) était un mouvement stratégique audacieux qui a aidé Tata à s'établir comme un acteur mondial dans le secteur des boissons.

Pourquoi Tetley ?

Fondée en 1837, **Tetley Tea** était une marque bien établie avec une présence significative au Royaume-Uni, en Amérique du Nord et en Europe. La société était connue pour avoir été pionnière du **sachet de thé** et était la deuxième plus grande entreprise de thé au monde au moment de l'acquisition. Malgré sa forte notoriété, Tetley faisait face à des défis financiers, ce qui en faisait un candidat idéal pour une acquisition.

Pour Tata Tea (aujourd'hui **Tata Global Beverages**), cette acquisition ne se limitait pas à augmenter les ventes—il s'agissait de **diversification mondiale** et d'accéder à des réseaux de distribution établis sur des marchés internationaux clés. Bien que Tata Tea soit déjà un acteur dominant dans l'industrie du thé en Inde, détenant 80 % des plantations de thé en Inde, elle manquait d'une forte empreinte mondiale. L'acquisition de Tetley était la clé pour changer cela.

Importance stratégique

L'acquisition de Tetley a marqué la transformation de Tata d'une entreprise centrée sur l'Inde à un conglomérat international ayant des intérêts significatifs en dehors de l'Inde. Cet accord a permis à Tata Tea d'entrer sur les marchés du thé haut de gamme en Europe et en Amérique du Nord, diversifiant ainsi son portefeuille de produits et réduisant sa dépendance au marché indien. Il a également permis à Tata d'accéder à de nouveaux marchés, où les préférences des consommateurs en matière de thé étaient différentes, permettant à l'entreprise d'innover et de créer des produits adaptés aux goûts mondiaux.

De plus, l'acquisition a donné à Tata le contrôle d'une marque mondiale puissante, ce qui était crucial pour la stratégie à long terme du groupe. La vision de Ratan Tata était de **rivaliser avec les géants internationaux**, et cette acquisition était la première étape pour transformer Tata Tea en une entreprise mondiale de boissons.

Défis financiers et culturels

L'acquisition de Tetley n'a pas été sans défis. L'accord a été principalement financé par **de la dette**, et il y avait du scepticisme quant à savoir si Tata Tea pourrait gérer avec succès un achat international aussi important. De plus, les différences culturelles entre les équipes britanniques et indiennes nécessitaient une intégration soigneuse pour garantir une transition en douceur. Cependant, le leadership de Ratan Tata et la solide fondation éthique du groupe ont aidé à gérer ces défis efficacement.

En maintenant l'identité de marque de Tetley et en tirant parti de sa présence mondiale, Tata Tea a pu non seulement rembourser la dette d'acquisition au fil du temps, mais aussi faire de Tetley un acteur mondial plus compétitif. Cette acquisition est devenue un modèle pour les futures acquisitions de Tata, notamment sur la manière de gérer des transactions transfrontalières tout en maintenant les pratiques commerciales éthiques et durables de Tata.

Ambitions mondiales réalisées

L'acquisition de Tetley a préparé le terrain pour une expansion mondiale plus ambitieuse. Ce fut la première d'une série d'acquisitions très médiatisées qui suivraient, y compris **Corus Steel** et **Jaguar Land Rover**, toutes visant à positionner le groupe Tata comme un important conglomérat international. Bien que l'accord Tetley n'ait pas été aussi important que ces acquisitions ultérieures, il était significatif car il marquait la première incursion majeure de Tata sur le marché mondial et prouvait que les entreprises indiennes pouvaient rivaliser à un niveau international.

L'acquisition de Tetley ne concernait pas seulement l'ajout d'une nouvelle marque au portefeuille de Tata—il s'agissait de **faire passer un message**. Tata n'était plus satisfait d'être un acteur régional. Cet accord était un signal clair que le groupe avait des aspirations mondiales, et sous la direction de Ratan Tata, il poursuivrait ces ambitions de manière agressive et intelligente.

Héritage de l'acquisition

Aujourd'hui, **Tata Global Beverages** est l'une des plus grandes entreprises de thé au monde, et Tetley demeure l'une de ses marques les plus précieuses. L'acquisition s'est révélée être un investissement à long terme réussi, contribuant à la croissance des revenus de Tata et établissant sa présence sur des marchés clés à travers le monde. De plus, elle a posé les bases des projets mondiaux ultérieurs de Tata et a aidé à redéfinir le rôle des entreprises indiennes dans le monde des affaires international.

L'acquisition de Tetley est commémorée comme le moment où Tata Tea—et par extension, le groupe Tata—**a déplacé son attention vers l'extérieur**, déclenchant une série d'événements qui transformerait le groupe en une puissance mondiale. Cet accord a non seulement transformé l'entreprise de Tata, mais a également changé la perception des entreprises indiennes sur la scène mondiale, prouvant qu'elles pouvaient diriger et innover sur les marchés internationaux.

Acquisition de Corus (2007) : Naviguer à travers les défis de l'acquisition d'un géant de l'acier européen

En 2007, **Tata Steel** a réalisé l'un des mouvements les plus ambitieux de son histoire en acquérant le sidérurgiste anglo-néerlandais **Corus** pour 12 milliards de dollars, un accord marquant qui a transformé Tata en l'un des plus grands producteurs d'acier au monde. L'acquisition a été un moment déterminant tant pour **Ratan Tata** que pour le groupe Tata, marquant sa transition d'une entreprise centrée sur l'Inde à un acteur mondial dans l'industrie de l'acier. Cependant, l'acquisition s'est également accompagnée de défis significatifs, tant financiers qu'opérationnels, qui ont mis à l'épreuve la résilience de Tata Steel.

1. La signification stratégique

L'acquisition de Corus était significative à plusieurs niveaux. À l'époque, **Tata Steel** était un producteur très efficace mais avait une présence mondiale limitée, en particulier en Europe et en Amérique du Nord. Corus, en revanche, était beaucoup plus grand, avec d'importantes opérations en Europe, y compris des usines au Royaume-Uni et aux Pays-Bas. En acquérant Corus, Tata Steel a immédiatement eu accès à une technologie de production d'acier avancée, un point d'ancrage sur les marchés développés, et une solide base de clients dans des secteurs tels que la construction, l'automobile et l'emballage.

Cet accord a également marqué l'entrée de Tata Steel dans le **segment de l'acier à plus forte valeur ajoutée**, tel que l'acier de qualité automobile, qui était crucial pour s'étendre au-delà de la production d'acier de base. Il a complété les capacités de production à faible coût de Tata Steel en Inde avec les lignes de produits plus sophistiquées et les technologies de transformation de Corus, créant ainsi un modèle commercial intégré verticalement capable de répondre à une large gamme de clients mondiaux.

2. Défis rencontrés : Pression financière et conditions du marché

Bien que stratégiquement sound, l'acquisition a eu un coût—tant littéralement que figurativement. Tata Steel a surenchéri sur le sidérurgiste brésilien **CSN** lors d'une enchère très disputée pour acquérir Corus, payant finalement **608 pence par action**, ce que de nombreux analystes considéraient comme un prix élevé. Le financement de l'acquisition a nécessité un mélange de dette et de capitaux propres, ce qui a considérablement augmenté l'effet de levier de Tata Steel.

Le moment de l'acquisition a ajouté aux défis. Peu après la conclusion de l'accord au début de 2007, la **crise financière mondiale** a frappé, et la demande d'acier a chuté. L'effondrement des prix de l'acier et le grave ralentissement économique en Europe, en particulier au Royaume-Uni, ont durement frappé les opérations de Corus. Ce qui semblait être une acquisition stratégique solide s'est transformé en un fardeau financier presque du jour au lendemain, alors que Tata Steel devait faire face à des revenus en baisse, à des coûts d'exploitation plus élevés et à la lourde dette qu'elle avait contractée pour financer l'accord.

La direction de Tata a dû prendre des mesures rapides pour relever ces défis. Cela a inclus des initiatives de réduction des coûts, la restructuration des opérations de Corus, et des investissements pour rendre les opérations européennes plus efficaces. Malgré ces efforts, les opérations européennes de Corus sont restées une source de pression sur les finances de Tata Steel pendant plusieurs années.

3. Intégration et défis culturels

Au-delà des pressions financières, il y avait des **défis culturels et opérationnels**. Intégrer une entreprise européenne comme Corus, avec ses pratiques commerciales établies, dans un conglomérat indien n'a pas été sans difficulté. Corus avait une longue histoire en Europe et une main-d'œuvre fortement syndiquée, tandis que Tata Steel avait la réputation d'être agile et efficace. Gérer ces différences tout en favorisant une culture d'entreprise unifiée dans une organisation de cette taille a exigé des efforts considérables.

Cependant, le leadership de Ratan Tata a aidé à faciliter l'intégration. Son accent sur des pratiques commerciales éthiques, le bien-être des employés et une vision à long terme a résonné avec la main-d'œuvre de Corus, apaisant progressivement les tensions entre les deux organisations. L'engagement de Tata à redresser Corus tout en maintenant ses valeurs fondamentales a conquis de nombreux sceptiques initiaux.

4. Avantages stratégiques à long terme

Malgré les défis initiaux, l'acquisition de Corus a finalement porté ses fruits, bien qu'il ait fallu des années de restructuration et d'adaptation aux conditions du marché mondial. Tata Steel a pu tirer parti de l'expertise technologique de Corus et de son accès au marché pour étendre son empreinte en Europe et développer des produits en acier haut de gamme. L'acquisition a positionné Tata Steel comme un important sidérurgiste mondial, le plaçant parmi les 10 premiers producteurs d'acier au monde.

À long terme, l'acquisition de Corus a également préparé Tata Steel à naviguer dans les futurs défis de l'industrie sidérurgique. Les connaissances acquises en gérant des opérations complexes en Europe et en gérant des lignes de produits de haute valeur ont aidé Tata Steel à rester compétitif sur un marché de plus en plus mondialisé. De plus, l'acquisition était en ligne avec la vision de Ratan Tata de transformer le groupe Tata en une **véritable entreprise mondiale**, un objectif sur lequel il travaillait constamment avec d'autres acquisitions comme Tetley Tea et Jaguar Land Rover.

Vision Stratégique : Équilibrer les Identités des Entreprises avec l'Éthique de Tata

L'approche de Ratan Tata en matière d'acquisitions est largement considérée comme visionnaire, non seulement pour l'expansion de l'empreinte mondiale du groupe Tata, mais aussi pour le maintien des **identités uniques** des entreprises acquises tout en les intégrant dans l' **éthique de Tata**. Cette stratégie a été essentielle à la transformation réussie d'entreprises comme **Tetley, Corus Steel** et **Jaguar Land Rover** (JLR), garantissant qu'elles contribuaient à la croissance de Tata tout en conservant leurs positions de marché distinctes et leurs valeurs de marque.

1. Préserver la Marque et l'Héritage

Un principe central de la stratégie d'acquisition de Ratan Tata était son **respect pour l'héritage** des entreprises qu'il acquérait. Il comprenait que des marques emblématiques comme Tetley et JLR avaient une signification émotionnelle et historique profonde pour leurs marchés. Au lieu de réformer ces entreprises, Tata a œuvré pour **préserver leurs identités fondamentales**, leur permettant de continuer à fonctionner comme elles l'avaient toujours fait, mais avec le soutien des ressources et du cadre éthique de Tata.

Par exemple, lorsque **Tata Tea** a acquis **Tetley Tea** en 2000, Tata a reconnu le statut de Tetley en tant que marque britannique de confiance. Plutôt que d'imposer des pratiques commerciales indiennes à Tetley, Tata lui a permis de fonctionner de manière largement autonome, tout en fournissant des capitaux pour l'aider à étendre son empreinte internationale. Cette approche a aidé Tetley à maintenir son identité de marque de thé haut de gamme sur des marchés comme le Royaume-Uni, même en devenant partie d'un plus grand conglomérat indien.

De même, **Jaguar Land Rover (JLR)**, acquis en 2008, était une marque de voiture de luxe en difficulté au moment de l'achat. Cependant, Tata Motors, sous la direction de Ratan Tata, a choisi de ne pas interférer avec le design ou la gestion de JLR. Au lieu de cela, Tata a investi massivement dans l'innovation et la recherche, s'assurant que les marques puissent se redresser. Cette approche « mains-off » a permis à JLR de reconstruire sa réputation en tant que constructeur de voitures de luxe, avec le soutien du capital et des ressources de Tata.

2. Intégrer l'Éthique de Tata : Leadership Éthique et Croissance à Long Terme

Bien que Ratan Tata ait pris soin de préserver les identités distinctes des entreprises, il a également veillé à ce qu'elles soient intégrées dans l' **éthique des pratiques commerciales éthiques de Tata** et dans la **croissance à long terme**. Le groupe Tata est renommé pour son attention à la **responsabilité sociale des entreprises**, à la durabilité et à l'équité envers les employés, et ces valeurs ont été subtilement intégrées dans les opérations des entreprises nouvellement acquises.

Par exemple, après l'acquisition de **Corus Steel** en 2007, Tata Steel a déployé des efforts significatifs pour aligner les opérations de l'entreprise avec l'engagement de Tata envers la durabilité environnementale. Les usines européennes de Corus ont adopté les stratégies de Tata en matière d' **efficacité énergétique** et de **réduction des émissions de carbone**, qui sont devenues encore plus cruciales à la suite de réglementations européennes plus strictes sur les émissions industrielles.

Chez **Jaguar Land Rover**, Tata Motors a introduit des pratiques conformes à l'orientation de Tata sur le **bien-être des employés**. Bien que JLR ait continué à fonctionner de manière indépendante, l'influence de Tata s'est fait sentir dans des domaines tels que la **gouvernance éthique**, la transparence d'entreprise et l'investissement dans l'innovation à long terme—particulièrement dans le développement des **véhicules électriques** et des **technologies vertes**. Cet alignement avec les valeurs éthiques de Tata n'a pas perturbé les opérations de JLR mais a plutôt fourni à l'entreprise une plateforme stable pour sa croissance.

3. Autonomiser le Leadership Local et Encourager l'Innovation

La stratégie de Ratan Tata était également notable pour avoir donné du pouvoir au **leadership existant** des entreprises acquises pour diriger leurs affaires tout en leur laissant la liberté d'innover. Plutôt que d'imposer une approche descendante, Tata a permis à la direction locale de prendre les devants, leur faisant confiance pour mieux connaître leurs marchés qu'une autorité externe.

Cela était particulièrement évident dans le cas de **Jaguar Land Rover**, où Tata Motors a permis à la direction britannique de JLR de continuer à prendre des décisions clés concernant le développement de produits et la direction de la marque. La direction de JLR a eu pleine autonomie pour faire avancer les affaires, ce qui a conduit au lancement de nouveaux modèles réussis comme le **Range Rover Evoque** et à un accent mis sur les **véhicules électriques**. Cette approche mains-off a permis à JLR d'innover et de s'adapter aux conditions changeantes du marché sans se sentir limité par leur nouvelle société mère.

Il en allait de même pour **Tetley**, où Tata Tea a fourni un soutien financier mais a laissé la gestion quotidienne et les stratégies de marché à l'équipe existante de Tetley. Cela a permis à Tetley de rester compétitif sur ses marchés traditionnels tout en s'étendant vers de nouveaux avec le soutien de Tata.

4. Vision à Long Terme Plutôt que Profits à Court Terme

Une autre caractéristique définissante des acquisitions de Ratan Tata était son attention portée à la **croissance à long terme** plutôt qu'aux profits à court terme. Tata ne voyait pas ces acquisitions comme des opportunités de gains rapides, mais comme des investissements dans l'avenir. Cela est particulièrement illustré par l' **acquisition de Jaguar Land Rover**, qui a été initialement vue avec un certain scepticisme en raison des pertes financières de JLR à l'époque.

La conviction de Ratan Tata dans le potentiel à long terme des marques a porté ses fruits de manière spectaculaire. En quelques années, JLR s'est redressé, affichant des bénéfices significatifs et devenant l'une des divisions les plus précieuses de Tata Motors. Ce succès était en grande partie dû à la volonté de Tata d'investir dans l'avenir de l'entreprise, lui permettant de croître à son propre rythme sans la pression de fournir des rendements financiers immédiats.

De même, l'acquisition par Tata Steel de **Corus Steel** a contribué à transformer Tata en l'un des plus grands producteurs d'acier au monde. Bien que les premières années après l'acquisition aient été marquées par des défis économiques et des baisses dans l'industrie de l'acier, l'engagement de Tata envers une intégration à long terme et une efficacité opérationnelle a permis à Tata Steel de résister à la tempête et de finalement bénéficier des technologies avancées de Corus et de son accès au marché européen.

Chapitre 4 : La Tata Nano et Au-delà – L'Innovation comme Héritage

La Naissance de la Tata Nano : Implications Sociales et Économiques

En 2008, Tata Motors, sous la direction visionnaire de Ratan Tata, a lancé la **Tata Nano**, saluée comme la **voiture la moins chère du monde**. L'idée derrière la Nano était aussi révolutionnaire que simple : fournir un transport abordable et sûr à des millions d'Indiens, en particulier à la **classe moyenne** croissante du pays. Initialement proposée à environ ₹1 lakh (environ 2 500 $), la Nano visait à remplacer les deux-roues qui étaient un mode de transport courant pour les familles à faible revenu en Inde. Bien que la Nano soit un exploit d'ingénierie et d'ambition sociale, son parcours a également mis en évidence les défis de développement d'un produit pour des marchés de masse dans une économie en évolution rapide.

La Vision Derrière la Nano

La Nano est née de l'observation de Ratan Tata des familles indiennes voyageant de manière précaire à moto—souvent avec des enfants équilibrés entre les parents. Sa vision était de créer un véhicule à quatre roues abordable qui offrirait **une plus grande sécurité** et **confort** pour ces familles, leur fournissant une alternative à la fois aspirante et pratique. Tata Motors a relevé le défi de concevoir une voiture qui serait rentable sans sacrifier des caractéristiques essentielles comme la sécurité, l'efficacité énergétique et la fiabilité.

Le slogan de la Nano, « **la voiture du peuple** », était approprié : il représentait la démocratisation de la possession d'une voiture, auparavant un luxe accessible principalement à la classe moyenne supérieure ou aux segments plus riches de l'Inde. Pour de nombreuses familles, la Nano symbolisait la mobilité ascendante et le progrès, offrant un nouveau sentiment de liberté et de sécurité.

Ingénierie de la Nano : Innovations et Compromis

Concevoir une voiture avec un prix si bas nécessitait des **innovations d'ingénierie radicales**. Tata Motors a dû repenser la fabrication traditionnelle des voitures. Ils ont utilisé des matériaux plus légers, réduit les coûts de production en minimisant les caractéristiques inutiles et ont opté pour un **petit moteur de 624 cc** capable de gérer des conditions urbaines et périurbaines. La Nano était un véhicule compact à moteur arrière qui pouvait accueillir quatre passagers, et son design était délibérément minimaliste pour maintenir le prix bas.

À une époque où la plupart des voitures d'entrée de gamme coûtaient au moins le double du prix de la Nano, Tata Motors a révolutionné l'industrie en offrant une combinaison sans précédent d'accessibilité et de coût. Cependant, il y avait des compromis : le modèle de base manquait de caractéristiques de base telles que la direction assistée, la climatisation et les airbags—des luxes considérés comme standards même dans les voitures économiques à l'échelle mondiale. Ces omissions étaient nécessaires pour maintenir les coûts bas mais ont ensuite affecté son attrait sur les marchés urbains.

Implications Économiques : Un Nouveau Segment de Marché

La Nano était conçue pour la **classe moyenne émergente de l'Inde**, une démographie qui avait rapidement augmenté en raison de la libéralisation économique des années 1990 et 2000. En 2008, des millions de familles indiennes connaissaient une croissance financière modeste, mais une voiture particulière restait hors de portée. La Nano a créé un **nouveau segment de consommateurs**, dont beaucoup n'avaient auparavant pu s'offrir que des motos ou des scooters. Tata espérait que ce segment adopterait la Nano comme un symbole de progrès économique.

D'un point de vue économique, la Nano avait le potentiel de **transformer le marché automobile de l'Inde**. Elle était positionnée comme une voiture d'entrée de gamme qui pouvait amener des millions de nouveaux clients dans l'économie automobile formelle, stimulant la demande pour les automobiles, le carburant, l'assurance et les industries de services. De plus, la production de la Nano soutenait des milliers d'emplois, tant directement qu'indirectement, des ouvriers d'usine aux fournisseurs de composants.

L'accessibilité de la Nano a également créé un effet d'entraînement dans l'industrie, poussant les concurrents à repenser leurs propres stratégies de tarification pour les véhicules d'entrée de gamme. En établissant un nouveau seuil de prix, Tata Motors a défié les fabricants de voitures établis à reconsidérer comment servir le vaste et diversifié marché indien.

Implications Sociales : Mobilité et Autonomisation

Sur le plan social, la Nano avait de profondes implications pour la **mobilité** et l' **autonomisation**. Pour des millions de familles indiennes, posséder une voiture n'était pas seulement une question de commodité, mais aussi un symbole de réussite et de dignité. En rendant la possession d'une voiture accessible, Tata Motors a aidé les familles à éprouver un nouveau sentiment de **liberté** et de **sécurité**, en particulier pour les femmes et les enfants, qui avaient auparavant été exposés aux dangers des rues bondées et d'un trafic imprévisible sur des deux-roues.

La Nano représentait également **l'essor de l'Inde sur la scène mondiale**. L'industrie automobile internationale a suivi avec un vif intérêt le lancement de la Nano par Tata Motors, mettant en avant la capacité de l'Inde à innover et produire un véhicule fonctionnel à faible coût qui pourrait potentiellement perturber les marchés mondiaux. La voiture était un témoignage de l'ingéniosité technique indienne et offrait l'espoir que des solutions abordables pourraient être développées pour d'autres besoins fondamentaux dans les marchés émergents.

Défis et Accueil du Marché

Malgré son potentiel, la Nano a fait face à d'importants défis, particulièrement en termes de **perception publique**. Bien qu'elle ait été commercialisée comme la « voiture la moins chère du monde », ce branding a involontairement eu des conséquences négatives. Pour beaucoup, notamment en Inde urbaine, la Nano en est venue à être associée à un **produit "bon marché"** plutôt qu'à un produit abordable. Les consommateurs de la classe moyenne, que Tata Motors espérait attirer, préféraient souvent des voitures qui conféraient un statut social, et la Nano a eu du mal à répondre à ces attentes aspirantes.

Des préoccupations en matière de sécurité ont également surgi après des rapports concernant des véhicules prenant feu, ce qui a encore diminué l'attrait de la Nano. Bien que Tata Motors ait rapidement abordé ces problèmes, les dégâts à la réputation de la Nano étaient difficiles à surmonter. De plus, la montée de concurrents abordables et riches en fonctionnalités dans le segment des voitures d'entrée de gamme a progressivement diminué l'avantage de prix de la Nano.

L'Héritage de la Nano : Innovation et Leçons Tirées

Malgré ses défis, la **Tata Nano** reste un chapitre significatif dans l'histoire de l'ingénierie automobile indienne. Elle a repoussé les limites de ce qui était possible dans la fabrication de voitures à faible coût et a établi l'Inde comme un centre d' **innovation frugale**—créant des produits de haute valeur à faible coût. La Nano a également contraint les fabricants mondiaux de voitures à repenser leurs stratégies pour les marchés émergents, où la sensibilité au prix l'emporte souvent sur le luxe.

L'héritage de la Nano perdure comme une étude de cas sur les complexités de la combinaison de **l'ambition sociale** et du succès commercial. Elle a démontré comment un produit conçu pour répondre à un **besoin social critique**—dans ce cas, un transport abordable et sûr—peut rencontrer des obstacles lorsqu'il entre en conflit avec les **perceptions des consommateurs** concernant le statut et l'aspiration. Cela a également souligné l'importance de **la marque**, montrant que même les innovations les plus bien intentionnées nécessitent un équilibre délicat entre avantages pratiques et attrait émotionnel.

En résumé, la Tata Nano, bien qu'elle n'ait pas été le succès commercial espéré par Tata Motors, a laissé une empreinte indélébile sur l'industrie automobile mondiale et sur le tissu social de l'Inde. Elle a ouvert la porte à de nouvelles possibilités de mobilité de masse et sera toujours mémorisée comme un exemple de la manière dont des visions audacieuses peuvent redéfinir les marchés et les vies.

La naissance de la Tata Nano : implications sociales et économiques

En 2008, Tata Motors, sous la direction visionnaire de Ratan Tata, a présenté la **Tata Nano**, saluée comme la **voiture la moins chère au monde**. L'idée derrière la Nano était aussi révolutionnaire que simple : fournir un transport abordable et sûr à des millions d'Indiens, en particulier à la **classe moyenne** en pleine croissance du pays. Initialement vendue au prix d'environ 1 lakh ₹ (environ 2 500 $), la Nano visait à remplacer les deux-roues qui constituaient un mode de transport courant pour les familles à faible revenu en Inde. Bien que la Nano ait été un exploit d'ingénierie et d'ambition sociale, son parcours a également mis en lumière les défis de développement d'un produit pour les marchés de masse dans une économie en évolution rapide.

La vision derrière la Nano

La Nano est née de l'observation de Ratan Tata sur des familles indiennes voyageant de manière précaire sur des motos—souvent avec des enfants équilibrés entre les parents. Sa vision était de créer un véhicule à quatre roues abordable, offrant **plus de sécurité** et **de confort** pour ces familles, leur fournissant une alternative à la fois aspirante et pratique. Tata Motors a relevé le défi de concevoir une voiture économique sans sacrifier des caractéristiques essentielles comme la sécurité, l'efficacité énergétique et la fiabilité.

Le slogan de la Nano, **"la voiture du peuple"**, était approprié : il représentait la démocratisation de la possession de voiture, auparavant un luxe accessible principalement à la classe moyenne supérieure ou aux segments plus riches de l'Inde. Pour de nombreuses familles, la Nano symbolisait la mobilité ascendante et le progrès, offrant un nouveau sentiment de liberté et de sécurité.

Ingénierie de la Nano : innovations et compromis

Concevoir une voiture avec un prix aussi bas nécessitait des **innovations d'ingénierie radicales.** Tata Motors a dû repenser la fabrication automobile traditionnelle. Ils ont utilisé des matériaux plus légers, réduit les coûts de production en minimisant les fonctionnalités inutiles, et opté pour un **petit moteur de 624 cc** qui pouvait tout de même gérer les conditions urbaines et périurbaines. La Nano était un véhicule compact à moteur arrière pouvant accueillir quatre passagers, et son design était délibérément minimaliste pour maintenir le prix bas.

À une époque où la plupart des voitures d'entrée de gamme coûtent au moins le double du prix de la Nano, Tata Motors a révolutionné l'industrie en proposant une combinaison sans précédent d'accessibilité et de coût abordable. Cependant, il y avait des compromis : le modèle de base manquait de fonctionnalités de base telles que la direction assistée, la climatisation et les airbags—des luxes considérés comme standard même dans les voitures économiques à l'échelle mondiale. Ces omissions étaient nécessaires pour maintenir les coûts bas mais ont ensuite affecté son attrait sur les marchés urbains.

Implications économiques : un nouveau segment de marché

La Nano a été conçue pour la **classe moyenne émergente de l'Inde**, une démographie qui s'était rapidement développée en raison de la libéralisation économique dans les années 1990 et 2000. En 2008, des millions de familles indiennes connaissaient une modeste croissance financière, mais posséder une voiture privée restait hors de portée. La Nano a créé un **nouveau segment de consommateurs**, dont beaucoup n'avaient auparavant pu se permettre que des motos ou des scooters. Tata espérait que ce segment adopterait la Nano comme un symbole de progrès économique. D'un point de vue économique, la Nano avait le potentiel de **transformer le marché automobile indien**. Elle était positionnée comme une voiture d'entrée de gamme pouvant amener des millions de nouveaux clients dans l'économie automobile formelle, stimulant ainsi la demande pour les automobiles, le carburant, l'assurance et les industries de services. De plus, la production de la Nano soutenait des milliers d'emplois, tant directement qu'indirectement, des ouvriers d'usine aux fournisseurs de composants.

L'accessibilité de la Nano a également créé un effet d'entraînement dans l'industrie, poussant les concurrents à repenser leurs propres stratégies de prix pour les véhicules d'entrée de gamme. En établissant un nouveau seuil de prix, Tata Motors a défié les constructeurs automobiles établis de reconsidérer comment servir le vaste et diversifié marché indien.

Implications sociales : mobilité et émancipation

Sur le plan social, la Nano portait des implications profondes pour la **mobilité** et l'**émancipation**. Pour des millions de familles indiennes, posséder une voiture n'était pas seulement une question de commodité, mais aussi un symbole d'accomplissement et de dignité. En rendant la possession d'une voiture accessible, Tata Motors a aidé les familles à vivre un nouveau sentiment de **liberté** et de **sécurité**, en particulier pour les femmes et les enfants, qui avaient auparavant été exposés aux dangers des rues encombrées et d'un trafic imprévisible sur des deux-roues.

La Nano représentait également **l'essor de l'Inde sur la scène mondiale**. L'industrie automobile internationale a observé avec un vif intérêt le lancement de la Nano par Tata Motors, mettant en avant la capacité de l'Inde à innover et à produire un véhicule fonctionnel et à faible coût capable de potentiellement perturber les marchés mondiaux. La voiture était un témoignage de l'ingéniosité de l'ingénierie indienne et offrait l'espoir que des solutions abordables pouvaient être développées pour d'autres besoins fondamentaux sur les marchés émergents.

Défis et accueil du marché

Malgré son potentiel, la Nano a rencontré d'importants défis, notamment en termes de **perception publique**. Bien qu'elle ait été commercialisée comme la "voiture la moins chère du monde", ce positionnement a involontairement eu l'effet inverse. Pour beaucoup, en particulier dans l'Inde urbaine, la Nano en est venue à être associée à un **produit "bon marché"** plutôt qu'à un produit abordable. Les consommateurs de la classe moyenne, que Tata Motors espérait attirer, préféraient souvent des voitures qui conféraient un statut social, et la Nano a eu du mal à répondre à ces attentes d'aspiration.

Des préoccupations concernant la sécurité sont également apparues après des rapports selon lesquels certains véhicules prenaient feu, ce qui a encore terni l'attrait de la Nano. Bien que Tata Motors ait rapidement résolu ces problèmes, les dommages causés à la réputation de la Nano ont été difficiles à surmonter. De plus, l'essor de concurrents abordables et riches en fonctionnalités dans le segment des voitures d'entrée de gamme a diminué l'avantage de prix de la Nano au fil du temps.

L'héritage de la Nano : innovation et leçons apprises

Malgré ses défis, la **Tata Nano** demeure un chapitre significatif de l'histoire de l'ingénierie automobile indienne. Elle a repoussé les limites de ce qui était possible dans la fabrication de voitures à bas coût et a établi l'Inde comme un centre d'**innovation frugale**—créant des produits de grande valeur à faible coût. La Nano a également contraint les fabricants automobiles mondiaux à repenser leurs stratégies pour les marchés émergents, où la sensibilité au prix l'emporte souvent sur le luxe.

L'héritage de la Nano perdure comme une étude de cas sur les complexités de la combinaison de **l'ambition sociale** et du succès commercial. Elle a démontré comment un produit conçu pour répondre à un **besoin social critique**—dans ce cas, un transport abordable et sûr—peut rencontrer des obstacles lorsqu'il entre en conflit avec les **perceptions des consommateurs** concernant le statut et l'aspiration. Cela a également souligné l'importance de **la marque**, montrant que même les innovations les plus bien intentionnées nécessitent un équilibre délicat entre avantages pratiques et attrait émotionnel.

En résumé, la Tata Nano, bien qu'elle n'ait pas été le succès commercial espéré par Tata Motors, a laissé une empreinte indélébile sur l'industrie automobile mondiale et sur le tissu social de l'Inde. Elle a ouvert la porte à de nouvelles possibilités de mobilité de masse et sera toujours mémorisée comme un exemple de la manière dont des visions audacieuses peuvent redéfinir les marchés et les vies.

Défis et controverses : le parcours de la Tata Nano

Le lancement de la **Tata Nano** en 2008 a généré des titres mondiaux en tant que **voiture la moins chère au monde**, promettant de révolutionner la mobilité personnelle en Inde. Malgré ses grandes ambitions et son design innovant, la Nano a rencontré de nombreux défis et controverses, allant des **retards de production** aux **préoccupations de sécurité**, ainsi qu'aux **problèmes de perception du marché** qui ont finalement sapé son succès commercial. Néanmoins, la Nano reste un symbole de l'**état d'esprit d'innovation** de Ratan Tata et de son engagement à rendre le transport abordable accessible à des millions d'Indiens.

1. Problèmes de production : retards et relocalisation

La production de la Nano a été frappée par d'importants retards et revers. Au départ, Tata Motors prévoyait de produire la Nano dans une toute nouvelle usine à **Singur, West Bengal**. Cependant, le projet a été embourbé dans une controverse politique concernant l'acquisition de terres. Des agriculteurs locaux et des partis politiques ont protesté contre la décision du gouvernement d'allouer des terres agricoles fertiles à des fins industrielles, entraînant des affrontements violents et des troubles prolongés.

En 2008, après des mois de manifestations, Tata Motors a pris la coûteuse décision de **relocaliser l'usine de production de la Nano** à Sanand, Gujarat. Cette relocalisation a entraîné des retards significatifs dans le calendrier de production de la Nano, affectant son élan initial. Le déménagement au Gujarat a également nécessité des investissements considérables, Tata devant construire une nouvelle usine de zéro, mettant une pression financière sur le projet avant même que la voiture n'atteigne le marché.

Le retard de production signifiait que la Nano avait manqué sa fenêtre de lancement originale, donnant plus de temps aux concurrents pour répondre avec leurs propres modèles abordables. Cette perte d'élan a contribué à la difficulté de la voiture à gagner du terrain dans le marché automobile indien hautement compétitif.

2. Préoccupations de sécurité et réactions mitigées

Une fois la Nano enfin lancée, elle a fait face à une autre controverse majeure : les **préoccupations de sécurité**. Plusieurs premiers modèles de la Nano ont connu des incidents où la voiture prenait feu, suscitant de vives craintes quant à sa fiabilité et sa sécurité. Bien que Tata Motors ait rapidement enquêté et résolu le problème, déclarant que les incendies étaient causés par des composants défectueux et non par des défauts de conception, les dommages à la réputation de la Nano étaient difficiles à réparer.

Ces incidents ont contribué à une **perception publique négative** de la voiture comme étant peu sûre, particulièrement dans un marché où les consommateurs devenaient de plus en plus conscients des fonctionnalités de sécurité. Le **manque d'airbags** et d'autres fonctionnalités de sécurité standard, qui avaient été omises pour maintenir les coûts de la voiture bas, ont encore alimenté les inquiétudes.

Les réactions à la Nano étaient également mitigées d'un point de vue **culturel et social**. Bien que Tata Motors ait positionné la Nano comme une voiture pour la **classe moyenne aspirante de l'Inde**, de nombreux consommateurs étaient rebutés par son image de "voiture la moins chère au monde". En Inde, la possession d'une voiture est souvent associée au statut et au succès, et l'accessibilité de la Nano, plutôt que d'être perçue comme une vertu, a conduit certains à la considérer comme une **"voiture pour pauvres."** Cette perception a nui à son attrait, en particulier parmi les consommateurs urbains qui préféraient des véhicules légèrement plus chers qui conféraient un statut social plus élevé.

3. Performance sur le marché : une déception commerciale

Malgré l'excitation entourant son lancement, la **performance sur le marché** de la Nano a été bien en deçà des attentes. Tata Motors avait initialement projeté des ventes d'environ 250 000 unités par an, mais en réalité, les ventes ont culminé à **74 527 unités** en 2011-2012 avant de diminuer régulièrement. En 2018, Tata Motors a arrêté complètement la production de la Nano, marquant la fin de son parcours ambitieux.

Plusieurs facteurs ont contribué à la déception commerciale de la Nano :

Écart de perception de prix: Bien que le prix de la Nano ait été un argument de vente, il est devenu ironiquement un obstacle. De nombreux acheteurs potentiels ont été découragés par l'image "bon marché" de la voiture, préférant investir un peu plus pour des voitures offrant plus de caractéristiques et de prestige.

Coûts en hausse: Au fil du temps, le coût de production a augmenté, et le prix de base de la Nano a grimpé de 1 lakh ₹ (2 500 $) à 2,36 lakh ₹ (3 700 $), érodant son avantage concurrentiel en tant que voiture la moins chère.

Attentes en matière de fonctionnalités: Alors que la classe moyenne indienne évoluait, les attentes des consommateurs ont grandi. Les acheteurs souhaitaient davantage de fonctionnalités telles que la climatisation, la direction assistée et des améliorations de sécurité, qui faisaient défaut au modèle de base de la Nano. Tata Motors a ensuite introduit des versions mieux équipées de la Nano, mais à ce moment-là, l'enthousiasme initial avait diminué.

4. Symbole de l'innovation : une tentative audacieuse malgré les défis

Malgré ses difficultés commerciales, la Tata Nano reste un **symbole d'innovation et d'ambition**. Elle a mis en avant la conviction de Ratan Tata en **l'ingénierie frugale**, où des produits de pointe pouvaient être développés à moindre coût pour répondre aux besoins des marchés émergents. La Nano était un exemple de la manière dont les entreprises indiennes pouvaient être des pionnières dans la recherche de solutions à leurs défis uniques.

Le développement de la voiture a également signalé une nouvelle ère de **ingéniosité automobile** en Inde. Cela a forcé les constructeurs automobiles mondiaux à repenser leur approche du développement de véhicules abordables pour les consommateurs à faible revenu, en particulier sur des marchés comme l'Inde et l'Afrique, où les contraintes économiques limitent souvent l'accès à des produits conçus pour des pays plus riches.

La Nano a également repoussé les limites de ce qui était possible en termes de **innovation économique**. Tata Motors a simplifié le processus de conception et de production, rendant la voiture abordable sans compromettre la fonctionnalité essentielle d'un véhicule d'entrée de gamme. Cet esprit d'innovation était en accord avec la philosophie plus large de Ratan Tata, qui consiste à utiliser la technologie et les affaires pour résoudre des problèmes sociétaux.

5. Héritage de la Nano : Leçons Apprises

Bien que la Nano n'ait pas connu un succès commercial, elle a laissé un héritage durable dans l'industrie automobile indienne et dans le contexte plus large de l'innovation commerciale. Tata Motors a appris des leçons précieuses sur l'importance de **la marque, la gestion de la perception**, et **la compréhension des aspirations des consommateurs**. Le parcours de la Nano a également illustré l'interaction complexe entre **l'accessibilité** et **le statut** dans les marchés émergents, où l'option la moins chère n'est pas toujours la plus désirable.

Rétrospectivement, l'histoire de la Nano sert de **cas d'étude en innovation**, révélant les difficultés de transformer une idée révolutionnaire en succès commercial. La Nano reste un rappel de la nécessité pour les entreprises de **équilibrer coût, qualité et attentes des consommateurs**, en particulier lorsqu'elles ciblent un marché aussi divers et complexe que l'Inde.

Conclusion : Une Vision Audacieuse, une Réalité Complexe

La Tata Nano, bien qu'elle ne soit pas un triomphe commercial, est mémorable pour sa **vision audacieuse** de démocratiser la possession de voitures en Inde. Malgré des revers de production, des préoccupations en matière de sécurité et des défis sur le marché, elle demeure un témoignage de **l'état d'esprit d'innovation de Tata**—un engagement à repousser les limites de l'ingénierie et des affaires pour le bien social.

Bien que la Nano n'ait pas atteint l'échelle que Ratan Tata avait envisagée, son héritage perdure en tant que symbole de la façon dont des idées audacieuses peuvent inspirer à la fois l'admiration et des leçons critiques dans le monde des affaires.

Tata Motors : D'un Acteur Local à un Concurrent Global dans l'Industrie Automobile

Tata Motors a subi une transformation remarquable, passant d'un fabricant local en Inde à un nom reconnu mondialement dans l'industrie automobile. Sous la direction de **Ratan Tata**, l'entreprise a adopté des stratégies audacieuses, y compris des acquisitions, l'innovation et la diversification des marchés, ce qui l'a propulsée d'un acteur domestique à une force concurrentielle sur la scène mondiale.

1. Débuts Modestes : Un Accent sur les Véhicules Commerciaux

Tata Motors a été fondée en 1945 sous le nom de **Tata Engineering and Locomotive Co. Ltd. (TELCO)**, en se concentrant initialement sur la fabrication de locomotives et d'autres équipements lourds. En 1954, Tata Motors a pénétré le **marché des véhicules commerciaux** grâce à une collaboration avec Daimler-Benz, produisant des camions et des bus. Au fil des décennies, Tata Motors est devenue un leader dans le segment des véhicules commerciaux en Inde, une position qu'elle continue de détenir aujourd'hui.

Dans les années 1990, l'entreprise s'était imposée comme le plus grand fabricant de **camions et de bus** en Inde, profitant des besoins croissants en infrastructure du pays. Cependant, le marché des véhicules particuliers restait largement inexploité, et Tata Motors a réalisé que ce secteur serait crucial pour sa croissance à long terme.

2. Entrée sur le Marché des Véhicules Particuliers

En 1991, Tata Motors, sous la direction visionnaire de Ratan Tata, a lancé son premier véhicule particulier, le **Tata Sierra**, un SUV destiné à la classe moyenne montante de l'Inde. Cependant, c'est le lancement de la **Tata Indica** en 1998 qui a marqué la véritable entrée de l'entreprise dans le segment des voitures particulières. L'Indica était **la première voiture développée localement en Inde**, représentant la capacité de Tata Motors à concevoir un véhicule adapté aux besoins et aspirations des consommateurs indiens.

L'Indica a été conçue pour offrir une combinaison d'espace, d'efficacité énergétique et d'accessibilité, séduisant la classe moyenne croissante de l'Inde. Malgré un certain scepticisme initial du marché, l'Indica a gagné en traction, devenant finalement l'une des voitures les plus vendues en Inde. Le succès de l'Indica a démontré que Tata Motors pouvait rivaliser avec les fabricants internationaux de voitures sur son marché domestique, posant ainsi les bases d'une croissance future.

3. Expansion Globale : Acquisitions Stratégiques

La vision de Ratan Tata s'étendait bien au-delà du marché indien. Au début des années 2000, Tata Motors a commencé à rechercher des opportunités pour étendre son empreinte mondiale. Le premier grand mouvement est survenu en 2004, lorsque Tata Motors a acquis **Daewoo Commercial Vehicle Company**, le deuxième plus grand fabricant de camions de Corée du Sud. Cette acquisition a non seulement aidé Tata à s'implanter sur le marché mondial des véhicules commerciaux, mais a également permis d'accéder à des technologies avancées et à des processus de production.

Cependant, c'est l' **acquisition de Jaguar Land Rover (JLR)** par Tata Motors en 2008 qui a véritablement marqué son émergence en tant qu'acteur mondial. Dans le cadre d'un accord d'une valeur de **2,3 milliards de dollars**, Tata Motors a acquis les emblématiques marques de luxe britanniques auprès de Ford Motor Company. À l'époque, JLR était en difficulté financière et son avenir était incertain. Beaucoup se demandaient si une entreprise indienne pouvait gérer et relancer de telles marques prestigieuses.

Sous la propriété de Tata Motors, cependant, **Jaguar Land Rover** a connu un retournement remarquable. Tata Motors a investi massivement dans le développement de produits, la recherche et l'expansion de la portée mondiale de JLR, en mettant l'accent sur l'innovation et de nouvelles technologies comme les **véhicules électriques**. L'acquisition a permis à Tata Motors d'entrer sur le **marché des voitures de luxe**—un saut significatif par rapport à ses racines en tant que fabricant de véhicules commerciaux et d'entrée de gamme. En 2013, JLR avait retrouvé la rentabilité et était devenu l'un des actifs les plus précieux de Tata Motors, contribuant de manière significative aux revenus mondiaux du groupe.

4. Innovation et Ingénierie : La Tata Nano et au-delà

Tout au long de son parcours, Tata Motors s'est constamment concentrée sur l'innovation. Un exemple phare de cela a été l'introduction de la **Tata Nano** en 2008, qui, malgré ses défis, a souligné l'engagement de Tata envers **l'ingénierie frugale**. La Nano était la voiture la moins chère du monde, conçue pour offrir un transport abordable et sûr à la classe moyenne croissante de l'Inde. Bien que la voiture n'ait pas atteint le succès commercial escompté, elle a démontré la capacité de Tata Motors à repousser les limites de l'innovation et à attirer l'attention mondiale.

Au-delà de la Nano, Tata Motors a investi massivement dans les **véhicules électriques (VE)** et les **solutions de mobilité durable**, reconnaissant l'importance croissante de la durabilité environnementale dans l'industrie automobile mondiale. Les **Tigor EV** et **Nexon EV** de Tata Motors figurent parmi les offres clés de l'entreprise sur le marché indien des véhicules électriques, positionnant Tata Motors en tant que leader de la révolution des VE dans le pays.

5. Le Concurrent Mondial : Présence Actuelle et Perspectives Futures

Aujourd'hui, Tata Motors est l'un des plus grands fabricants d'automobiles au monde, avec une présence dans plus de **175 pays**. L'entreprise produit une large gamme de véhicules, des voitures abordables et des camions commerciaux aux berlines de luxe et SUV à travers sa division JLR. En **2022**, Tata Motors est devenue le troisième plus grand fabricant de voitures en Inde, et JLR a consolidé sa position en tant que marque de luxe mondiale, avec de solides ventes sur des marchés tels que **la Chine, l'Europe et l'Amérique du Nord**. Le **portefeuille de produits diversifié de Tata Motors**, combiné à son accent continu sur l'innovation et la durabilité, a cimenté sa place en tant qu'acteur mondial de l'automobile. Ses investissements dans la mobilité électrique, en particulier sur des marchés comme l'Inde et le Royaume-Uni, soulignent l'engagement de Tata Motors à mener la **transition vers une énergie propre** dans l'industrie automobile.

Tata Consultancy Services (TCS) : L'Émergence du Bras IT de Tata en Tant que Leader Mondial

Tata Consultancy Services (TCS), le bras de services informatiques du **Groupe Tata**, est devenu l'une des plus grandes et des plus influentes entreprises technologiques au monde. Fondée en 1968, TCS a commencé comme un modeste fournisseur de services logiciels et est désormais un leader mondial des services informatiques, du conseil et des solutions commerciales, avec des opérations dans plus de **50 pays** et une main-d'œuvre de plus de **600 000 employés**. Son parcours, d'un acteur informatique régional à une puissance mondiale, est une histoire de leadership visionnaire, de croissance stratégique et d'un engagement incessant envers l'innovation.

Débuts Précoces : Les Fondations Visionnaires de TCS

En **1968**, **Tata Consultancy Services (TCS)** a été fondée par **F.C. Kohli**, initialement comme une division de **Tata Sons**. À l'époque, le concept de **technologie de l'information (TI)** était encore à ses débuts, en particulier en **Inde**, où l'industrie technologique était à peine perceptible sur la scène mondiale. **TCS** a émergé en tant que pionnière, identifiant dès le départ que l'avenir résidait dans **l'externalisation des services logiciels** aux clients en Inde et à l'étranger. La demande mondiale de solutions logicielles, notamment aux **États-Unis** et en **Europe**, commençait à fleurir, alors que les entreprises cherchaient des moyens de **réduire leurs coûts** en externalisant des tâches comme le développement et la maintenance de logiciels.

Mais **TCS** ne suivait pas simplement la tendance ; ils étaient en train de poser les bases. L'un de leurs plus grands succès initiaux est survenu dans les **années 1970**, lorsqu'ils ont développé un **système électronique de dépôt et de négociation** pour le **marché des valeurs mobilières suisse**—l'un des premiers systèmes de ce type au monde. Ce n'était pas juste un succès ; c'était un signal au monde que **TCS** n'était pas simplement un autre fournisseur de logiciels—ils étaient des innovateurs. Ce **succès** a jeté les bases de **la réputation mondiale de TCS en tant que leader des solutions TI.**

Au cours des décennies suivantes, **TCS** a élargi ses horizons, passant de services logiciels de base à une concentration sur **l'intégration de systèmes, le conseil en TI**, et **le développement de logiciels.** L'entreprise a évolué pour répondre aux demandes croissantes et changeantes du **marché mondial**, s'établissant non seulement comme une puissance informatique indienne, mais aussi comme un **leader mondial** dans **l'externalisation et le conseil en TI.**

2. **Expansion Globale : Saisir l'Opportunité de l'Externalisation TI**

Dans les **années 1990**, la demande mondiale de services TI externalisés était en plein essor, et TCS était bien positionnée pour capitaliser sur cette croissance. L'entreprise a adopté un **"modèle de livraison globale"**, qui lui a permis d'offrir des services depuis l'Inde à une fraction du coût de ses concurrents occidentaux. Ce modèle est devenu la pierre angulaire de l'industrie de l'externalisation TI, permettant à TCS de fournir des services de haute qualité à l'étranger tout en gardant ses coûts opérationnels bas.

TCS s'est développée de manière agressive sur les marchés internationaux, en particulier aux **États-Unis, en Europe**, et en **Asie**, établissant des centres de développement dans plusieurs pays. Elle est devenue une pionnière dans **l'externalisation**, tirant parti de la main-d'œuvre qualifiée et anglophone de l'Inde pour répondre à la demande mondiale croissante de services logiciels et de solutions TI.

Un des jalons clés pour TCS a été son **introduction en bourse (IPO)** en **2004**, qui a marqué sa transition d'une division au sein de Tata Sons à une entreprise indépendante cotée en bourse. L'IPO a été très réussie, faisant de TCS l'une des entreprises les plus précieuses d'Inde. Ce mouvement a également contribué à accroître sa visibilité sur les marchés mondiaux et à attirer des investissements supplémentaires pour son expansion.

3. Conduire l'Innovation et la Transformation Numérique

Alors que l'industrie mondiale des technologies de l'information évoluait rapidement, **Tata Consultancy Services (TCS)** n'a pas seulement suivi le rythme—elle s'est positionnée comme un leader en s'engageant dans des **technologies émergentes** telles que **l'informatique en nuage, l'intelligence artificielle (IA), la cybersécurité**, et **l'analyse des données**. Toujours un pas en avant par rapport aux tendances du secteur, TCS a reconnu l'importance de la **transformation numérique** dès le début, lançant son **cadre "Business 4.0"**. Cette initiative a été conçue pour aider les clients à tirer parti des dernières technologies, leur permettant de croître et de prospérer dans un **monde numérique** piloté par la technologie. Le cadre mettait en avant **l'automatisation, l'agilité, le cloud**, et **l'analyse**, permettant aux entreprises de s'adapter aux nouvelles exigences numériques.

Solutions de bout en bout : Innovation et Infrastructure

TCS a bâti sa réputation sur la livraison de **solutions de bout en bout**. Que ce soit en matière de **consultation informatique, services numériques**, ou **gestion d'infrastructure**, l'entreprise fournissait à ses clients tout ce dont ils avaient besoin pour réussir dans le paysage numérique moderne. Un facteur majeur de la capacité de TCS à rester à la pointe de l'innovation est son fort engagement envers **la recherche et développement (R&D)**. Grâce à ses **Laboratoires d'Innovation** et au **Réseau de Co-Innovation (COIN)**, TCS a collaboré avec des **établissements académiques**, **des startups**, et **des leaders de l'industrie** à travers le monde. Cet écosystème a permis à TCS de développer continuellement **de nouvelles technologies** et de les adapter aux besoins spécifiques de ses clients.

Une Approche Axée sur le Client : Construire des Partenariats Durables

Ce qui fait que **Tata Consultancy Services (TCS)** se distingue dans l'industrie IT hautement compétitive, c'est son attention incessante portée à la **satisfaction client**. À une époque où les entreprises peuvent vivre ou mourir en fonction de la satisfaction des clients, TCS a constamment été classée parmi les **meilleures dans les enquêtes de satisfaction client**. Ce n'est pas par hasard—c'est le résultat d'une stratégie à long terme centrée sur la construction de **partenariats profonds et durables** avec des entreprises mondiales. Alors que d'autres entreprises peuvent se concentrer sur des gains à court terme, TCS joue le long jeu, et elle joue pour gagner.

La **vraie magie?** TCS n'est pas simplement un fournisseur ; c'est un **partenaire de confiance** pour des **entreprises du Fortune 500** dans une large gamme de secteurs—**finance**, **vente au détail**, **télécommunications**, et **santé**. Et la beauté, c'est que ces entreprises ne viennent pas juste et repartent. Non, elles restent, car TCS ne livre pas seulement ce qui est nécessaire aujourd'hui—elle anticipe ce dont ses clients auront besoin **demain**. C'est comme ce copain qui ne se contente pas de vous aider à déménager, mais qui arrive avec des pizzas et des boissons.

La Preuve par les Partenariats

Pensez-y—lorsque certaines des plus grandes entreprises au monde vous font confiance pour leur **transformation numérique**, c'est un signe clair que vous faites quelque chose de bien. La capacité à **maintenir des relations solides** avec de telles entreprises en dit long sur l'**adaptabilité**, l'**innovation**, et l'engagement sincère de TCS envers ses clients. Dans un monde où **le changement est la seule constante**, TCS a montré une capacité incroyable à **embrasser** et même **façonner** le changement, en étant à la pointe de l'**innovation technologique**. Et ils n'aident pas seulement les entreprises à suivre le rythme ; ils les aident à prendre de l'avance.

Plus que de l'IT : Un Partenaire à l'Épreuve du Temps

Alors que les entreprises du monde entier s'efforcent de suivre le **rythme rapide de la transformation numérique**, TCS est souvent le partenaire qui les aide à rester en avance. Que ce soit à travers **l'intelligence artificielle**, **l'informatique en nuage**, ou **l'analyse des données**, TCS fournit aux entreprises les outils nécessaires pour prospérer dans un **monde de plus en plus numérique**. Et bien que la technologie soit en constante évolution, une chose reste constante : l'**état d'esprit axé sur le client de TCS**. C'est un état d'esprit qui leur a permis de rester à l'avant-garde de l'industrie, façonnant l'avenir tout en gardant un œil attentif sur les besoins de leurs clients.

En fin de compte, la capacité de TCS à **s'adapter**, **innover**, et se concentrer sur **des partenariats à long terme** les a rendus non seulement leaders dans les services informatiques, mais aussi un **partenaire stratégique** sur lequel les entreprises comptent pour **naviguer dans les complexités** du monde moderne.

4. Leadership Mondial : Échelle et Impact

Aujourd'hui, TCS se positionne comme la **plus grande entreprise de services informatiques** en Inde et l'un des trois principaux fournisseurs de services informatiques au monde, avec des revenus dépassant **25 milliards de dollars** en 2023. L'entreprise est présente dans **plus de 50 pays**, et sa main-d'œuvre a atteint plus de **600 000 employés**, faisant d'elle l'un des plus grands employeurs du secteur informatique.

L'ascension de TCS vers le leadership mondial se reflète également dans ses **initiatives de durabilité** et ses efforts de responsabilité sociale des entreprises (RSE). L'entreprise a été un leader dans la promotion des **pratiques commerciales durables**, se concentrant sur des domaines tels que la conservation de l'environnement, l'éducation, et le développement communautaire. Les **programmes de RSE** de TCS ont touché des millions de vies, notamment dans les domaines de la littératie numérique et de l'éducation, qui s'alignent avec son expertise principale en technologie.

5. Naviguer dans les Défis et Rester Résilient

Malgré son succès, TCS a rencontré des défis en cours de route, y compris une concurrence accrue de géants mondiaux de l'informatique tels que **IBM**, **Accenture**, et **Infosys**, ainsi qu'un protectionnisme croissant dans certains de ses marchés clés. Cependant, TCS est restée résiliente en continuant à innover, diversifier ses offres de services, et se concentrer sur des technologies émergentes telles que **l'IA** et **la blockchain**.

Une des principales forces de TCS est sa capacité à s'adapter aux dynamiques changeantes de l'industrie. Alors que les entreprises à travers le monde recherchent de plus en plus la **transformation numérique**, TCS est bien positionnée pour leur fournir les outils, solutions, et services de consultation nécessaires pour moderniser leurs opérations.

6. Envisager l'Avenir : L'Avenir de TCS

Alors que **Tata Consultancy Services (TCS)** se trouve à la croisée des chemins entre **technologie et innovation**, son parcours depuis une petite division de **Tata Sons** jusqu'à un leader mondial est loin d'être terminé. TCS ne se repose pas sur ses lauriers ; elle est **prête pour l'avenir**, avec un focus laser sur les **technologies de prochaine génération** qui définiront le paysage numérique de demain. Avec **5G**, **l'automatisation**, **l'intelligence artificielle (IA)**, et **l'apprentissage automatique** déjà moteurs de l'évolution de l'industrie, TCS est non seulement prête à **embrasser ces changements**, mais à les diriger.

Pionnier à l'Ère de l'Innovation

L'avenir de TCS est basé sur **plus que simplement suivre le rythme**—il s'agit de façonner l'avenir de la **transformation numérique** à l'échelle mondiale. Avec **5G** sur le point de révolutionner tout, des télécommunications aux villes intelligentes, TCS fait déjà des avancées significatives pour aider ses clients à adopter et intégrer ces technologies de pointe. Ajoutez à cela le boom de **l'automatisation**, qui transforme des industries comme la fabrication et la logistique, et les investissements stratégiques de TCS dans **les plateformes d'automatisation** garantiront qu'elle reste à l'avant-garde de cette vague.

Mais cela ne s'arrête pas là. **L'IA** et **l'apprentissage automatique** ne sont plus des fantasmes futurs—ils sont présents, et TCS est en train de conduire leur **adoption généralisée**. En utilisant l'IA pour améliorer **les opérations commerciales, optimiser l'efficacité**, et même prédire les tendances du marché, TCS se positionne non seulement comme un **fournisseur de services informatiques** mais comme un **innovateur technologique** capable de transformer les industries.

Innovation avec Durabilité et Responsabilité Sociale

Ce qui distingue vraiment TCS alors qu'elle envisage l'avenir, c'est son engagement envers la **durabilité** et la **responsabilité sociale**. Alors que le monde lutte contre des défis environnementaux, TCS s'assure que ses **innovations** sont alignées avec des pratiques durables. L'accent mis par l'entreprise sur **la technologie verte** et les **solutions informatiques durables** signifie qu'elle joue un rôle essentiel dans l'aide aux entreprises pour réduire leur empreinte carbone tout en atteignant l'**excellence numérique**. L'engagement de TCS envers **la responsabilité sociale des entreprises** va au-delà des profits—il s'agit de **nourrir les talents**, de soutenir **le développement de la main-d'œuvre**, et de **redonner aux communautés**.

Nourrir les Talents pour un Monde en Évolution Rapide

Au cœur de la stratégie tournée vers l'avenir de TCS se trouve son engagement envers **le développement de la main-d'œuvre**. Comprenant que le **paysage technologique** évolue constamment, TCS investit massivement dans **la montée en compétences** et la **formation** de ses employés pour rester en avance sur les tendances émergentes. Cela garantit que leur main-d'œuvre reste adaptable, innovante, et prête à relever les **défis de l'avenir**.

Un Héritage d'Excellence

En regardant vers l'avenir, l'ascension de TCS est le reflet non seulement de **la vision de Ratan Tata** mais de l'ensemble de l'éthique du Groupe Tata—une éthique qui valorise **l'excellence, l'éthique**, et **la réflexion stratégique à long terme**. TCS n'est pas seulement une entreprise technologique ; elle est devenue un **symbole mondial de l'innovation indienne**, un témoignage vivant du pouvoir de **la résilience, de la croissance**, et de **la responsabilité sociale**.

Dans les années à venir, TCS continuera non seulement à diriger l'**industrie mondiale des services informatiques**, mais elle servira également d'inspiration, incarnant les **valeurs durables du Groupe Tata** tout en aidant les entreprises du monde entier à naviguer dans les complexités de l'**ère numérique**.

Le Portefeuille Diversifié du Groupe Tata : Principales Entreprises dans l'Énergie, les Produits Chimiques, et les Télécommunications

Le **Groupe Tata** est depuis longtemps l'un des conglomérats les plus diversifiés d'Inde, avec un portefeuille s'étendant à travers des industries allant de l'acier et des automobiles à la technologie et aux biens de consommation. Aux côtés de ses entreprises phares comme **Tata Steel**, **Tata Motors**, et **Tata Consultancy Services** (**TCS**), le groupe a également réalisé des avancées significatives dans des secteurs tels que **l'énergie, les produits chimiques**, et **les télécommunications**. Chacune de ces entreprises a joué un rôle critique non seulement dans le renforcement du portefeuille de Tata, mais aussi dans la contribution au développement de l'infrastructure et à la croissance industrielle de l'Inde.

1. Tata Power : Leader du Secteur Énergétique en Inde

Fondée en **1919**, **Tata Power** est l'une des plus anciennes et des plus grandes entreprises privées du secteur énergétique en Inde. L'entreprise a été pionnière dans **la génération d'électricité**, avec un fort accent sur les pratiques énergétiques durables et l'innovation dans la distribution d'énergie.

Initialement, Tata Power a été créée pour soutenir **les besoins industriels de Mumbai**, et elle est depuis devenue un leader national dans la génération, la transmission, et la distribution d'énergie. Avec une capacité installée totale de **plus de 12 700 MW**, Tata Power dispose d'un mix énergétique diversifié incluant **l'énergie thermique**, **hydroélectrique**, **solaire**, et **éolienne**. Son engagement envers **l'énergie renouvelable** est particulièrement notable, car elle vise à générer **50 % de son énergie à partir de sources propres d'ici 2025**.

Les projets clés comprennent :

Tata Power Solar, qui est la plus grande entreprise solaire intégrée d'Inde et un leader dans le secteur de l'énergie solaire.

La **centrale thermique de Trombay**, un fournisseur clé d'électricité pour Mumbai, et les importants investissements de Tata Power dans des projets hydroélectriques à travers l'Inde.

En se positionnant comme un leader à la fois dans les **secteurs de l'énergie renouvelable et traditionnelle**, Tata Power a assuré que le Groupe Tata reste un acteur crucial dans l'élan de l'Inde vers des solutions énergétiques durables.

2. Tata Chemicals : Promouvoir l'Innovation dans les Produits Chimiques et la Durabilité

Fondée en **1939, Tata Chemicals** a commencé comme fabricant de **produits chimiques inorganiques,** en particulier de la soude et de la soude caustique. Au fil des ans, elle s'est diversifiée dans les **produits de consommation, l'agriculture,** et **les produits chimiques spéciaux,** devenant l'une des plus grandes entreprises chimiques en Inde et un leader mondial dans le secteur.

Tata Chemicals opère dans des domaines clés :

Produits chimiques de base: Fabrication de soude, bicarbonate de sodium, et autres produits chimiques industriels, essentiels pour des industries comme le verre, les détergents, et le textile.

Agri-solutions : Tata Chemicals fournit des engrais et des produits de protection des cultures, aidant les agriculteurs à augmenter leurs rendements et à pratiquer une agriculture durable.

Produits de consommation : L'entreprise est également à l'origine de marques de consommation populaires telles que **Tata Salt,** l'une des principales marques de sel en Inde.

Innovation et durabilité : Tata Chemicals s'est de plus en plus concentré sur la durabilité, investissant dans la **chimie verte** et travaillant sur des **technologies de purification de l'eau.**

Une partie particulièrement importante du portefeuille de Tata Chemicals est sa **division R&D,** qui a aidé l'entreprise à développer de nouveaux matériaux tels que **nano-revêtements** et **solutions de batterie,** cruciales pour des industries émergentes telles que les véhicules électriques et le stockage d'énergie.

3. Tata Communications : Propulser la révolution numérique

Connue auparavant sous le nom de **VSNL (Videsh Sanchar Nigam Limited)**, **Tata Communications** est devenue une partie du groupe Tata en **2002** lorsque le groupe a acquis une participation majoritaire lors de la campagne de privatisation du gouvernement indien. Au cours des deux dernières décennies, Tata Communications s'est transformée en un leader mondial des **télécommunications**, offrant des **services Internet**, des **centres de données**, des **solutions de cloud computing** et des **solutions de cybersécurité**.

Les jalons clés :

Posséder et exploiter l'un des plus grands **réseaux de câbles sous-marins mondiaux**, qui transporte une part significative du trafic Internet mondial.

Fournir des **services de données aux entreprises** à certaines des plus grandes sociétés au monde, y compris des opérateurs de télécommunications mondiaux, des gouvernements et des entreprises multinationales.

Être à la pointe de l'innovation dans l'**internet des objets (IoT)**, **l'informatique en périphérie** et **les solutions cloud**.

Tata Communications a joué un rôle essentiel dans le développement de l'infrastructure numérique en Inde, notamment lorsque le pays a adopté la **numérisation** dans tous les secteurs. En tant que l'une des premières entreprises indiennes à offrir des **services de câbles sous-marins**, Tata Communications a également contribué à la connectivité mondiale de l'Inde et reste un acteur majeur dans la définition de l'avenir de la communication numérique à la fois sur le plan national et international.

4. Stratégie de diversification : La vision à long terme du groupe Tata

La diversification du groupe Tata dans des industries aussi diverses que l'énergie, la chimie et les télécommunications reflète sa stratégie de longue date de **diversification**. En développant des compétences dans des industries vitales pour la croissance économique et industrielle de l'Inde, Tata a atténué les risques et a veillé à ce que le conglomérat reste un acteur clé dans la définition de l'avenir de l'Inde.

Sous la direction de Ratan Tata, le groupe a adopté une **vision mondiale** et une **approche axée sur l'innovation**, en effectuant des investissements stratégiques dans des secteurs émergents tels que **les services informatiques (TCS), l'énergie renouvelable (Tata Power), l'innovation chimique (Tata Chemicals)**, et **la transformation numérique (Tata Communications)**. Cette diversification a permis à Tata de résister aux ralentissements économiques et aux changements dans la dynamique du marché, tout en alignant ses activités sur la trajectoire de croissance à long terme de l'Inde.

Chapitre 5 : Des valeurs avant les profits – La vision philanthropique de Ratan Tata

Tata Trusts : Le bras caritatif du groupe Tata

Tata Trusts constitue l'aile caritative et philanthropique du **groupe Tata**, l'un des plus grands et des plus respectés conglomérats commerciaux en Inde. Fondés par l'industriel pionnier **Jamsetji Tata** à la fin du 19e siècle, ces trusts gèrent environ **deux tiers des bénéfices du groupe Tata**, dirigeant ces fonds vers **le bien-être social, l'éducation, la santé et le développement rural**. La structure unique des Tata Trusts a joué un rôle central dans l'héritage de **la responsabilité sociale des entreprises (RSE)**, reflétant la conviction de la famille Tata selon laquelle **la richesse doit être utilisée pour le bien commun.**

1. Origines et fondements historiques

Les activités philanthropiques des Tata Trusts remontent à la vision de **Jamsetji Tata**, qui croyait en la nécessité de redonner à la société bien avant que la RSE ne devienne un concept largement reconnu. En 1892, Jamsetji a fondé la **J.N. Tata Endowment**, qui offrait des bourses à des étudiants indiens pour étudier à l'étranger, marquant le début formel de l'héritage philanthropique de Tata.

Au fil des décennies, les dirigeants successifs de la famille Tata, y compris **Sir Dorabji Tata** et **Sir Ratan Tata**, ont établi une série de trusts pour soutenir une large gamme de causes caritatives. Les plus notables parmi eux sont :

Sir Dorabji Tata Trust (1932), l'une des plus anciennes institutions caritatives en Inde, fondée par le fils de Jamsetji Tata, Dorabji, avec un don qui comprenait toute sa fortune.

Sir Ratan Tata Trust (1919), mis en place par Sir Ratan Tata, un autre des fils de Jamsetji, qui a laissé une grande partie de sa fortune pour être utilisée au profit du bien-être social.

Ces trusts sont devenus les principaux actionnaires de **Tata Sons**, la société holding du groupe Tata, et reçoivent une part substantielle des dividendes du groupe. Ce modèle de propriété unique a permis de garantir que les bénéfices générés par les entreprises Tata soient en grande partie réinvestis dans des initiatives philanthropiques, intégrant ainsi la **responsabilité sociale** dans l'ADN du groupe.

2. Impact social : Domaines d'intervention

Les Tata Trusts ont un impact étendu, soutenant des initiatives dans les domaines de **la santé, l'éducation, le développement rural**, et **l'art et la culture**. Voici quelques-unes des principales zones où les Tata Trusts ont apporté des contributions significatives :

Éducation : Les Tata Trusts ont longtemps été à l'avant-garde de la philanthropie éducative en Inde. Les trusts fournissent des **bourses** pour l'enseignement supérieur, soutiennent des institutions comme le **Tata Institute of Social Sciences (TISS)** et l'**Indian Institute of Science (IISc)**, et financent une large gamme de programmes éducatifs, en particulier pour les étudiants défavorisés. Le **J.N. Tata Endowment** continue d'offrir des bourses pour les étudiants indiens souhaitant étudier à l'étranger.

Santé : Les Tata Trusts ont joué un rôle déterminant dans la construction d'infrastructures de santé à travers l'Inde, en particulier dans les zones mal desservies. L'une des initiatives les plus connues est l'établissement de l'**Hôpital Tata Memorial** à Mumbai, qui se spécialise dans le traitement et la recherche sur le cancer. Les Trusts financent également plusieurs initiatives de santé publique visant à lutter contre la malnutrition, améliorer la santé maternelle et infantile, et prévenir des maladies comme la tuberculose et le paludisme.

Développement rural : Les Tata Trusts se concentrent fortement sur l'amélioration des conditions de vie des communautés rurales. Leurs programmes en matière de **gestion de l'eau, productivité agricole,** et **génération de moyens de subsistance** ont aidé à autonomiser les agriculteurs et les populations rurales à travers l'Inde. Les Trusts soutiennent également des programmes visant à promouvoir **l'agriculture durable** et l'adoption de pratiques respectueuses de l'environnement.

Justice sociale et autonomisation : Les Tata Trusts ont également travaillé de manière extensive pour promouvoir **l'égalité des sexes,** soutenir **l'autonomisation des femmes,** et élever **les communautés marginalisées.** Les Trusts financent divers programmes visant à améliorer les moyens de subsistance, promouvoir le développement des compétences et soutenir l'autosuffisance parmi les groupes défavorisés.

3. Soutien institutionnel et recherche

Au-delà de l'aide directe, les Tata Trusts sont profondément impliqués dans l'établissement et le soutien de certaines des institutions éducatives et de recherche les plus respectées de l'Inde. Parmi ces institutions figurent :

L'**Indian Institute of Science (IISc)** à Bangalore, établi grâce à un généreux don de Jamsetji Tata, est l'une des principales institutions indiennes pour la recherche scientifique et l'éducation.

L'**Tata Institute of Fundamental Research (TIFR)** et le **National Centre for the Performing Arts (NCPA)** à Mumbai, qui promeuvent respectivement la recherche scientifique et le patrimoine culturel.

Ces institutions ont joué un rôle significatif dans la formation du paysage intellectuel et culturel de l'Inde, grâce au soutien financier et opérationnel à long terme des Tata Trusts.

4. Évolution sous Ratan Tata

Sous la direction de **Ratan Tata**, qui a présidé Tata Sons de 1991 à 2012, les Tata Trusts ont élargi leur champ d'action, prenant en charge des projets plus ambitieux et à grande échelle. La passion personnelle de Ratan Tata pour la philanthropie a poussé le groupe à se concentrer sur des problèmes tels que **l'accès à des soins de santé abordables, l'accès à l'eau propre, l'éducation pour les défavorisés**, et **les moyens de subsistance ruraux**.

Ratan Tata a également cherché à moderniser l'approche des Trusts en intégrant des stratégies basées sur des données et en créant des partenariats avec des organisations mondiales. Il a dirigé des initiatives telles que la **Tata Water Mission**, qui vise à fournir de l'eau potable à des millions de personnes dans les zones rurales d'Inde, et a collaboré avec des organisations telles que la **Bill & Melinda Gates Foundation** pour aborder des problèmes de santé critiques.

5. Gouvernance et transparence

Le modèle de gouvernance des Tata Trusts les distingue des autres organisations philanthropiques. En détenant une participation de contrôle dans **Tata Sons**, les Tata Trusts maintiennent un niveau d'influence significatif sur les opérations commerciales de l'ensemble du groupe Tata. En même temps, ils opèrent de manière indépendante lorsqu'il s'agit de décider quelles causes sociales soutenir, avec un conseil d'administration qui veille à garantir que les fonds sont répartis de manière transparente et efficace.

Les Tata Trusts se sont également concentrés sur l'**responsabilité** et la **transparence**, maintenant des normes élevées sur la manière dont les dons sont utilisés et rapportés. Les trusts travaillent avec une variété de partenaires, y compris des agences gouvernementales, des organisations à but non lucratif et des organismes internationaux, pour s'assurer que leurs programmes sont durables et évolutifs.

Philanthropie personnelle : L'approche pratique de Ratan Tata en matière d'aide en cas de catastrophe et d'innovation sociale

Ratan Tata a longtemps été reconnu non seulement pour son rôle dans la transformation du **groupe Tata** en un conglomérat mondial, mais aussi pour son engagement personnel profond dans la **philanthropie.** Son engagement envers les causes sociales va au-delà du travail des **Tata Trusts** et inclut ses initiatives personnelles et son approche pratique en matière **d'aide en cas de catastrophe, d'innovation sociale,** et **de bien-être communautaire.** Ses contributions ont eu un impact considérable, en particulier dans les domaines où une action immédiate et une vision à long terme étaient cruciales.

1. Aide en cas de catastrophe : Une réponse rapide aux crises humanitaires

Un des rôles philanthropiques les plus visibles de Ratan Tata a été de fournir une **aide en cas de catastrophe.** Il a été directement impliqué dans de multiples efforts pour fournir une assistance immédiate et durable aux communautés touchées par des calamités naturelles et des tragédies.

Tremblement de terre du Gujarat de 2001 : Après le tremblement de terre dévastateur qui a frappé le Gujarat en 2001, Ratan Tata a personnellement dirigé les efforts de secours, veillant à ce que le groupe Tata fournisse des fonds, des fournitures et une assistance technique pour reconstruire la région. Sous sa direction, les Tata Trusts ont aidé à construire des **écoles, des hôpitaux et des maisons** pour les communautés touchées, fournissant un soutien à long terme bien au-delà de l'aide immédiate.

Attentats terroristes de Mumbai de 2008 : Suite aux tragiques **attentats de Mumbai du 26/11,** Ratan Tata, dont l'hôtel phare, le **Taj Mahal Palace Hotel,** était l'un des sites de l'attaque, a joué un rôle clé tant dans les efforts de récupération que dans le soutien aux victimes. Tata s'est personnellement assuré que les familles des employés de l'hôtel décédés dans l'attaque soient prises en charge, fournissant **une**

compensation financière, des soins de santé et une éducation pour leurs enfants. Sa compassion et son action rapide pendant cette période ont été largement saluées, montrant son empathie profonde et son sens du devoir envers ses employés et la communauté élargie.

Aide après le tsunami (2004) : Après le tsunami de l'océan Indien en 2004, Ratan Tata a dirigé les **Tata Trusts** dans un effort humanitaire significatif, fournissant une aide à ceux déplacés par la catastrophe. Tata lui-même a visité les zones touchées, veillant à ce que les efforts de secours soient efficacement coordonnés et que les ressources atteignent les populations les plus vulnérables.

2. Innovation sociale : Favoriser des solutions à long terme pour les défis sociétaux

La philanthropie de Ratan Tata est également remarquable pour son accent sur l'**innovation sociale** — trouver des solutions créatives et durables aux défis sociétaux de longue date. Il croit que la philanthropie ne doit pas seulement répondre à des besoins immédiats, mais aussi créer un changement durable, aidant les communautés à devenir autonomes et résilientes.

Tata Nano : Bien qu'il s'agisse principalement d'un projet commercial, le **Tata Nano** était guidé par un **esprit d'innovation sociale**, visant à fournir un **transport abordable et sûr** aux classes moyennes et inférieures de l'Inde. Ratan Tata voyait le Nano non seulement comme une voiture, mais comme une solution aux conditions précaires dans lesquelles de nombreuses familles indiennes voyageaient sur des deux-roues. Le projet a démontré l'engagement de Tata à améliorer la qualité de vie de millions de personnes, même s'il n'a pas atteint ses objectifs commerciaux.

Initiatives de Logement Abordable: Un autre exemple de l'engagement de Tata envers l'innovation sociale est son travail dans le domaine du **logement abordable**. En partenariat avec **Tata Housing**, Ratan Tata a lancé des projets pour construire des maisons à bas prix pour les pauvres urbains en Inde, garantissant ainsi que les personnes issues de milieux à faible revenu puissent avoir accès à des options de logement sécurisées, propres et abordables.

Initiatives de Santé: Ratan Tata a personnellement financé des initiatives de santé ciblant des problèmes tels que la **malnutrition** et le **cancer**. Il a joué un rôle clé dans la construction du **Tata Medical Center** à Kolkata, un hôpital cancérologique ultramoderne conçu pour fournir des soins abordables, en particulier aux communautés mal desservies. Il continue de promouvoir les innovations dans la prestation des soins de santé, en mettant l'accent sur l'accès à des soins de haute qualité pour tous, indépendamment de leur statut socio-économique.

3. Contributions Personnelles et Dons Discrets

Un des aspects uniques de la philanthropie de Ratan Tata est sa préférence pour les **contributions discrètes et en coulisses**. Bien que le travail des Tata Trusts soit largement médiatisé, Tata lui-même a effectué de nombreux dons et contributions personnels, souvent sans fanfare ni publicité.

Soutien durant la COVID-19: Pendant la **pandémie de COVID-19**, Ratan Tata a été parmi les premiers à annoncer des contributions majeures aux efforts de secours. Les **Tata Trusts** ont promis 1 500 crores ₹ pour lutter contre la pandémie, finançant l'acquisition d'**équipements de protection individuelle (EPI)**, de kits de test et d'infrastructures médicales. Tata a personnellement utilisé les réseaux sociaux pour appeler à l'unité et à la compassion durant la crise, reflétant son souci sincère du bien-être des personnes à travers le pays.

Ces dernières années, **Ratan Tata** a orienté son attention vers le **soutien aux startups** et aux **entrepreneurs sociaux**, apportant son expertise, son mentorat et son soutien financier à des entreprises émergentes qui innovent dans des domaines comme **la technologie pour le bien social**. Toujours visionnaire, les investissements personnels de Tata ont ciblé des entreprises dans des secteurs tels que **la santé numérique, l'énergie propre**, et **la technologie éducative**, tous visant à relever des **défis sociaux critiques** par l'innovation.

Un des principes fondamentaux de Tata a toujours été **l'impact au-delà du profit**, et son implication dans les startups reflète cela. Il a fourni à la fois **du capital** et un **mentorat personnel**, utilisant sa vaste expérience pour guider les jeunes entrepreneurs non seulement dans **l'expansion** de leurs entreprises mais aussi pour s'assurer qu'ils restent **socialement responsables** tout en le faisant.

Parmi les startups qu'il a soutenues, on trouve :

UrbanClap (maintenant Urban Company): Une plateforme de services à domicile, qui facilite l'accès à des services essentiels pour les populations urbaines.

CureFit: Une plateforme healthtech qui intègre des services de fitness, de nutrition et de bien-être mental.

Ampere Vehicles: Axée sur les véhicules électriques, contribuant au mouvement pour l'énergie propre en Inde.

NestAway: Une startup qui fournit des logements abordables, répondant à l'un des défis urbains les plus pressants de l'Inde.

En soutenant ces initiatives, Ratan Tata continue de façonner l'avenir de **l'entrepreneuriat social**, prouvant que l'innovation peut être une **force pour le bien** dans la résolution de certaines des questions les plus urgentes au monde.

4. Plaidoyer pour un Leadership Humain et la Compassion

Tout au long de sa carrière, **Ratan Tata** a été un fervent défenseur du **leadership humain**, animé par la conviction que les entreprises doivent fonctionner avec **compassion, empathie,** et **responsabilité éthique.** Contrairement à de nombreux dirigeants d'entreprise qui se concentrent uniquement sur les profits, Tata a systématiquement défendu l'idée que les entreprises prospères doivent également contribuer au **bien-être de la société.** Il a souvent parlé de la nécessité pour les **dirigeants de diriger avec le cœur,** soulignant que **l'empathie** dans la prise de décision peut créer un impact positif bien au-delà du bilan.

Diriger par l'Exemple

Tata n'a pas seulement prêché ces valeurs ; il les a vécues. Sous sa direction, le **Groupe Tata** est devenu synonyme de **capitalisme inclusif,** où l'objectif n'était pas seulement de faire de l'argent, mais d'utiliser ce succès pour **élever les communautés** et favoriser **le progrès social.** Sa vision du **leadership éthique** était claire : les entreprises sont des **gardiens de la société,** et leur richesse et leurs ressources doivent être utilisées pour servir le **bien commun.**

Cette philosophie est évidente dans les **Tata Trusts,** qui contrôlent les deux tiers des bénéfices du Groupe Tata et les dirigent vers la **philanthropie.** Que ce soit dans les domaines de **l'éducation, de la santé,** ou du **développement rural,** les Tata Trusts sont devenus un phare de la **responsabilité sociale des entreprises** sous sa direction. La philanthropie personnelle de Tata, elle aussi, a toujours été axée sur **la création d'impact** — non pas avec fanfare, mais avec la conviction tranquille et inébranlable que les entreprises devraient aider à résoudre les problèmes du monde.

Un Héritage de Capitalisme Compatissant

La croyance de Ratan Tata en un **leadership humain** et un **capitalisme compatissant** est plus qu'un style de gestion — c'est un plan d'action sur la manière dont les entreprises peuvent réussir tout en étant des **forces pour le bien.** Ses discours, en particulier ceux prononcés devant de jeunes entrepreneurs et étudiants en affaires, soulignent à plusieurs reprises l'importance de **placer les gens au premier plan**, de traiter les employés et les communautés avec **respect**, et de considérer la richesse comme un outil pour **élever la société.**

En résumé, **Ratan Tata** continue d'incarner un style de leadership qui allie **ambition et empathie**, rappelant constamment au monde des affaires que **le véritable succès** réside dans **le service aux autres.**Haut de Forme

Bas de Forme

Philanthropie en Affaires : L'Éthique de Ratan Tata du « Bien Faire Tout en Réussissant »

La philosophie de Ratan Tata du **« bien faire tout en réussissant »** a eu un impact profond sur la manière dont les entreprises en Inde perçoivent la **responsabilité sociétale.** Cet ethos, profondément ancré dans le **Groupe Tata,** a redéfini la gouvernance d'entreprise en liant **la rentabilité** au **bien social,** en soulignant que le succès commercial devrait être utilisé comme un moyen d'améliorer la société. Sous sa direction, les entreprises Tata sont devenues des exemples mondiaux de la manière dont les entreprises peuvent fonctionner avec une intégrité éthique, un impact social et une durabilité à long terme.

1. L'Éthique du « Bien Faire Tout en Réussissant »

Au cœur de l'approche de Ratan Tata se trouve la conviction que **les entreprises doivent rendre des comptes à la société** et doivent contribuer activement au bien-être social, plutôt que de se concentrer uniquement sur les profits. Il a souvent souligné que **le succès d'une entreprise ne devrait pas être jugé uniquement par des critères financiers** mais aussi par les contributions de l'entreprise à ses employés, à la communauté et à l'environnement.

Cette mentalité est une continuation de l'**héritage du Groupe Tata**, initié par **Jamsetji Tata** il y a plus d'un siècle, mais Ratan Tata l'a élargi en favorisant une connexion plus forte entre **la responsabilité sociétale** et **la stratégie d'entreprise**. Il a démontré que **la philanthropie et le profit** ne sont pas mutuellement exclusifs mais peuvent être intégrés dans les valeurs fondamentales et les objectifs à long terme de l'entreprise.

L'approche de Tata peut être résumée comme suit :

Focus sur le Leadership Éthique: Tata croyait fermement que le leadership devait donner la priorité aux **pratiques éthiques** plutôt qu'aux gains à court terme. Ses entreprises étaient encouragées à adopter une gouvernance transparente et éthique, avec le bien-être de la société comme priorité absolue.

La Responsabilité Sociétale des Entreprises (RSE) comme Principe Central : Tata a plaidé pour que la RSE soit intégrée dans le fonctionnement des entreprises, pas seulement comme une conformité réglementaire ou un outil marketing. Cet ethos a été formalisé dans le **Code de Conduite Tata**, qui impose des pratiques commerciales éthiques, un traitement équitable des employés et une gestion environnementale responsable dans toutes les entreprises Tata.

2. La Philanthropie Comme Principe Fondamental des Affaires

L'approche de Ratan Tata en matière de philanthropie dans les affaires se reflète dans la manière dont les **Tata Trusts**, qui gèrent **deux tiers des actions de Tata Sons**, allouent des **dividendes** issus des bénéfices du Groupe Tata au **développement social**. Ces fonds sont canalisés vers des domaines tels que **la santé, l'éducation, la gestion de l'eau, le développement rural**, et **les arts et la culture**, parmi d'autres causes.

Un des éléments clés du modèle de Tata est que le **motif de profit** n'est pas poursuivi de manière isolée ; au contraire, il est étroitement aligné avec des **résultats philanthropiques**. Cela a conduit à la création d'institutions et de projets qui sont à la fois rentables et ont un impact social significatif, tels que :

Le **Tata Memorial Hospital**, qui offre des soins abordables contre le cancer, est un résultat direct des objectifs philanthropiques liés à la santé des Trusts.

L'Institut Tata des Sciences Sociales (TISS) et l'**Institut Indien de Science (IISc)** sont des exemples d'institutions de longue date soutenues par la philanthropie de Tata, contribuant à l'éducation et à la recherche en Inde.

Les efforts de purification de l'eau de Tata Chemicals et le **focus de Tata Power sur les énergies renouvelables** s'alignent avec leurs stratégies d'entreprise, tout en s'attaquant à des problèmes sociaux critiques tels que l'eau potable et le changement climatique.

3. Redéfinir la Responsabilité Sociétale en Inde

Sous la direction de Ratan Tata, le Groupe Tata est devenu un **phare de la responsabilité sociétale des entreprises** en Inde. Plusieurs de ses initiatives ont établi une nouvelle norme pour les entreprises indiennes, montrant que les entreprises peuvent poursuivre des profits tout en maintenant un **impact social positif**.

Durabilité et Impact Environnemental: Tata a constamment souligné l'importance des **pratiques durables**, en particulier dans **Tata Steel**, **Tata Power**, et **Tata Chemicals**. Par exemple, le **focus de Tata Power sur les énergies renouvelables** n'est pas seulement une initiative commerciale mais aussi un moyen de lutter contre le changement climatique. De même, **Tata Steel** a adopté plusieurs processus de production écologiques, réduisant les émissions de carbone et la consommation d'énergie.

Bien-être des Employés et Pratiques Éthiques: Une des croyances fondamentales de Tata est que les entreprises doivent donner la priorité au **bien-être des employés**. Le Groupe Tata a été l'un des premiers à introduire des **systèmes de retraite**, des **indemnisations en cas d'accident**, et des **avantages de santé** pour ses employés. Ces pratiques ont dépassé les opérations commerciales, influençant la communauté d'affaires indienne à adopter des pratiques d'emploi plus humaines et responsables.

Engagement envers le Développement Rural: À travers les **Tata Trusts**, Ratan Tata a abordé les défis du développement rural en finançant des programmes agricoles, des systèmes de gestion de l'eau et des formations professionnelles pour les communautés rurales. Son initiative **Lakhpati Kisan**, qui aide à transformer des agriculteurs de subsistance en lakhpatis (ceux gagnant 100 000 ₹ par an), souligne son engagement à élever les communautés marginalisées.

4. Philanthropie Personnelle et Innovation

Au-delà des efforts d'entreprise, les contributions personnelles de Ratan Tata ont également été cruciales pour favoriser **l'innovation sociale**. Ses investissements personnels dans **la santé numérique, les startups éducatives**, et **les entreprises d'énergie propre** ont non seulement soutenu la croissance des entreprises mais aussi encouragé des **initiatives à impact social**. En soutenant des entreprises qui se concentrent sur la création de solutions pour des **défis sociétaux**, Tata a montré comment **les dirigeants d'entreprise peuvent agir comme des catalyseurs de changement** au-delà de leurs propres entreprises.

Son rôle personnel dans les **efforts de secours en cas de catastrophe**, comme lors du **tremblement de terre du Gujarat en 2001** et des **attentats terroristes de Mumbai en 2008**, souligne encore davantage son engagement personnel envers les causes sociales.

5. Influence Mondiale : La Philanthropie Rencontrant la Mondialisation

L'approche de Tata en matière de philanthropie s'aligne également avec sa vision de **globaliser le Groupe Tata**. Dans ses acquisitions de **Jaguar Land Rover**, **Corus Steel**, et **Tetley Tea**, Ratan Tata a mis l'accent sur le maintien de l'**identité de ces marques mondiales** tout en veillant à ce que l'**éthique de responsabilité sociale** de Tata reste au premier plan. Même sur les marchés internationaux, Tata a veillé à ce que les entreprises respectent le **Code de Conduite Tata**, en mettant l'accent sur **le commerce équitable, les pratiques durables**, et **le bien-être de la communauté**.

Cette approche a montré que **la responsabilité sociétale** ne doit pas être limitée aux marchés locaux ; les entreprises peuvent s'étendre à l'échelle mondiale tout en maintenant des **principes éthiques et philanthropiques**.

Chapitre 6 : Leadership en Temps de Crise

Naviguer à Travers les Défis Économiques : Le Leadership de Ratan Tata Pendant l'Instabilité Financière Mondiale

Le leadership de Ratan Tata durant des périodes de **instabilité financière mondiale**, en particulier lors de la **crise financière mondiale de 2008**, a démontré sa résilience, sa pensée stratégique et sa vision à long terme. Tata a fait face à des défis significatifs alors que l'effondrement financier mettait à l'épreuve même les entreprises les plus solides, mais il a réussi à diriger le **Groupe Tata** à travers ces temps turbulents en se concentrant sur l'innovation, des actions décisives et en maintenant des pratiques commerciales éthiques. Sa capacité à s'adapter, en particulier durant de telles crises, a solidifié son héritage en tant que l'un des leaders d'affaires les plus visionnaires d'Inde.

1. La crise financière mondiale de 2008

La **crise financière de 2008** a été l'une des récessions économiques mondiales les plus sévères depuis la Grande Dépression, provoquant une instabilité économique généralisée, des pénuries de crédit et des réductions drastiques de la demande dans tous les secteurs. Le **Groupe Tata**, qui avait récemment réalisé des acquisitions très médiatisées comme **Jaguar Land Rover (JLR)** et **Corus Steel**, a fait face à une pression immense alors que l'économie mondiale se contractait.

Défis pour le Groupe Tata durant la crise

Jaguar Land Rover (JLR), acquis en 2008 pour 2,3 milliards de dollars, a subi d'importantes difficultés. Le marché des voitures de luxe a été gravement touché par la crise, avec une demande en chute aux États-Unis et en Europe.

Corus Steel, que Tata Steel a acquis en 2007 pour 12 milliards de dollars, a également connu des revers alors que la demande d'acier s'effondrait en raison du ralentissement de la construction et des projets d'infrastructure à l'échelle mondiale.

La montée des **niveaux d'endettement**, en partie due à ces acquisitions, a soulevé des inquiétudes quant à la capacité de Tata à gérer les flux de trésorerie et à honorer ses obligations financières durant le déclin.

2. Décisions stratégiques audacieuses et pensée à long terme

Malgré ces défis, Ratan Tata est resté **engagé envers sa vision à long terme** et croyait au potentiel des entreprises que le groupe avait acquises. Plutôt que de reculer ou de réduire ses activités, il a pris des décisions audacieuses qui ont finalement aidé le Groupe Tata à surmonter la crise et à en sortir renforcé.

Redresser Jaguar Land Rover

Un des succès les plus significatifs de Tata durant la crise a été sa décision de **investir massivement** dans **Jaguar Land Rover (JLR)**, plutôt que d'abandonner ou de réduire les opérations. Malgré un certain scepticisme, Tata Motors a continué à investir dans le **développement de produits** et l'**innovation** de JLR. Le lancement de nouveaux modèles tels que le **Jaguar XF** et le **Range Rover Evoque** a contribué à revitaliser la marque et à augmenter les ventes dans les marchés émergents, en particulier en **Chine**, où la demande pour les voitures de luxe est restée forte malgré le déclin mondial.

En 2012, JLR avait enregistré des bénéfices, et sa reprise a été saluée comme l'un des redressements les plus remarquables de l'industrie automobile. Le succès à long terme de JLR était un témoignage de la croyance de Ratan Tata en la marque et de son refus de laisser les défis à court terme dicter la stratégie à long terme.

Gérer les difficultés de Corus Steel

Ah, **Corus Steel**—l'un de ces acquisitions qui avait suscité de nombreux doutes et murmures, "Tata n'est-il pas en train de trop en faire ?" Eh bien, la vision de Ratan Tata était aussi vaste que les **aciéries** elles-mêmes. En 2007, Tata Steel a acheté **Corus Steel**, un géant européen de l'acier, lors de ce qui était l'une des plus grandes acquisitions jamais réalisées par une entreprise indienne à l'époque. C'était audacieux, c'était ambitieux... et, semble-t-il, c'était un peu comme un **montagne russe**.

Le **secteur de l'acier** ne faisait pas exactement la fête pendant cette période. En fait, la demande d'acier était plus languissante qu'un lundi matin après un long week-end. Corus, maintenant partie de **Tata Steel Europe**, a rencontré de sérieuses **difficultés persistantes**. Mais Ratan Tata a-t-il abandonné ? Pas une seconde. C'est le genre de personne qui **persiste** lorsque la situation devient difficile.

Tata a mis en œuvre une série de **mesures de réduction des coûts** qui auraient même fait la fierté du CFO le plus économe. Des **optimisations d'usine**, des **plans de restructuration**, et une **approche plus mince et plus efficace** ont été mises en place pour tenter d'arrêter l'hémorragie financière. L'objectif ? Maintenir l'entreprise à flot jusqu'à ce que le **secteur de l'acier** décide de se réveiller et de sentir le café industriel.

Malgré le fait que Corus continuait à faire face à une bataille difficile en raison de la **chute mondiale de l'acier**, **Ratan Tata** est resté **inébranlable**. Il était déterminé à intégrer complètement Corus dans le **groupe Tata Steel**, s'assurant que lorsque les **conditions du marché s'amélioreraient**, Corus serait dans une position idéale pour **rebondir**. C'est comme si Tata avait regardé la demande d'acier en chute et avait dit : "Défi accepté."

Dans le style typique de Ratan Tata, il ne cherchait pas les gains à court terme—il jouait la **longue durée**, même si cela signifiait **affronter des tempêtes** en cours de route. Bien sûr, ce n'était pas toujours un long fleuve tranquille, mais la **résilience** et l'engagement de Tata envers sa vision signifiaient que, pour le meilleur ou pour le pire, Corus était là pour durer.

3. Leadership éthique et bien-être des employés

Tout au long de la crise, **le leadership de Ratan Tata** était marqué par un engagement envers une **gouvernance éthique** et le **bien-être des employés**. Tata était connu pour veiller à ce que le Groupe Tata ne compromette pas ses valeurs fondamentales, même face à la pression financière. Un des exemples les plus clairs de cela a été sa réponse aux **pressions de licenciement** auxquelles de nombreuses entreprises mondiales étaient confrontées.

Pas de licenciements massifs: Malgré la pression pour réduire les coûts durant la crise, Tata Motors et d'autres entreprises du Groupe Tata ont évité des **licenciements massifs**. Au lieu de cela, elles se sont concentrées sur la restructuration, la réduction de la capacité excédentaire et la recherche de moyens pour maintenir l'engagement des employés. Tata croyait fermement que **les personnes sont le plus grand atout** de toute entreprise, et cette approche a aidé à maintenir le moral et la loyauté des employés durant les temps difficiles.

Responsabilité sociale et gestion de crise: Au-delà de la gestion interne, Ratan Tata a veillé à ce que le Groupe poursuive ses **initiatives de responsabilité sociale**. Même en temps de crise, les **Fondations Tata** ont continué à financer des projets de santé, d'éducation et de développement rural. Cet engagement indéfectible à **redonner à la société** a renforcé l'héritage de Tata en équilibrant le succès d'entreprise avec le bien social.

4. Prudence financière et adaptation

La capacité de Ratan Tata à diriger le groupe à travers la crise financière était également le fruit de sa **prudence financière** et de sa **volonté de s'adapter**.

Gestion de la dette: Bien que les acquisitions de haut niveau de Tata aient augmenté les niveaux d'endettement du groupe, Tata Motors a travaillé à restructurer ses prêts et à prolonger les délais de remboursement. L'entreprise a réussi à lever des fonds par le biais de **produits de droits** et a obtenu le soutien du gouvernement au Royaume-Uni, où JLR était basé, garantissant ainsi qu'elle avait suffisamment de liquidités pour survivre à la crise.

Diversification et expansion: Même durant la crise, Tata a continué à **diversifier** ses opérations et à investir dans des secteurs émergents tels que les **services informatiques** (via **Tata Consultancy Services (TCS)**) et les **produits de consommation**. TCS, en particulier, a aidé le groupe à rester rentable tout au long de la récession, car la demande pour les **services informatiques** et les **externalisations** est restée forte alors que d'autres industries peinaient.

5. Récupération post-crise et héritage

En **2012**, l'économie mondiale avait enfin commencé à se relever des décombres financiers de 2008, et là, se tenant droit avec un **sourire de satisfaction tranquille**, se trouvait **Ratan Tata** et son puissant **Groupe Tata**. Alors que d'autres étaient encore en train de se remettre de leurs blessures, Tata avait réussi à naviguer à travers la tempête, prouvant qu'il est possible d'émerger plus fort, plus sage et, oui, un peu plus **endurci**.

Un redressement rentable

Prenez **Tata Motors** et **Jaguar Land Rover (JLR)**, par exemple. Les deux avaient connu des difficultés durant la récession économique, mais en 2012, ils avaient **retrouvé la rentabilité** comme un phœnix renaissant de ses cendres—sauf, bien sûr, que ce phœnix était plus susceptible de conduire une Tata Nano ou une Jaguar XF. Le redressement de **JLR**, en particulier, a été rien de moins que

spectaculaire. Beaucoup de détracteurs pensaient qu'acheter une marque de voiture de luxe britannique en pleine récession était une recette pour le désastre, mais la **vision à long terme** de Tata et son refus de faire des compromis ont porté leurs fruits.

L'art de concilier profit et but

Ce qui distingue **Ratan Tata** des autres titans de l'industrie, c'est qu'il ne s'est pas seulement concentré sur la prise de **décisions difficiles** pour booster les bénéfices ; il est resté fidèle aux **principes éthiques du Groupe Tata**. Il n'était pas satisfait de simplement **récupérer des bénéfices**—il a veillé à ce que l'entreprise maintienne son **impact social**, qui a toujours été central à l'éthique de Tata. En équilibrant **rentabilité et objectif**, Tata n'a pas sacrifié l'**âme de l'entreprise** pour surmonter la tempête. Au contraire, il a montré que **faire le bien** et **réussir** peuvent aller de pair.

Un modèle pour les autres

Le leadership de **Ratan Tata** durant la crise financière et la reprise qui a suivi est souvent présenté comme un **modèle pour les entreprises du monde entier**. Il est une chose de diriger en période de prospérité, mais de naviguer une entreprise à travers un **effondrement économique mondial** tout en restant fidèle à ses **principes éthiques?** C'est un jeu totalement différent. Alors que d'autres se débattaient pour réduire les coûts ou prendre des décisions hâtives, Tata est resté **ferme**—axé sur le **succès à long terme** sans sacrifier les **valeurs fondamentales** qui ont défini le **Groupe Tata** pendant des décennies.

Son approche a envoyé un **message clair** au monde des affaires : **le succès** et la **responsabilité sociale** ne sont pas mutuellement exclusifs. En fait, pour **Ratan Tata**, les deux vont de pair. Alors qu'il guidait le Groupe Tata à travers des temps difficiles, il s'est assuré que l'**intégrité** de l'entreprise restait intacte, montrant qu'il n'est pas nécessaire d'abandonner ses **valeurs** pour garder le navire à flot.

Un modèle pour les PDG

Il n'est pas surprenant que **d'autres PDG**—tant en **Inde** qu'à l'international—aient tenté de reproduire son **modèle de leadership**. Sa combinaison de **compassion, vision à long terme**, et une **approche axée sur les personnes** est devenue un **modèle** pour ceux qui cherchent à construire des entreprises durables et socialement conscientes. Tata a démontré qu'une entreprise peut être **mondialisée, rentable**, et servir en même temps un **but social supérieur**.

Un héritage au-delà des affaires

Lorsque **Ratan Tata** a pris sa retraite en 2012, il n'a pas seulement laissé derrière lui un vaste conglomérat mondial ; il a laissé un **héritage** ancré dans des **valeurs humaines**. Aujourd'hui, son héritage s'étend bien au-delà des **bilans financiers**. Il ne s'agit pas seulement des milliards de revenus ou de la massive main-d'œuvre sous l'égide de Tata. Cela concerne la manière dont il a montré que **le véritable leadership** signifie **plus que de simples chiffres**—il s'agit de **personnes, éthique**, et du **bien commun**. Son leadership témoigne que lorsque les affaires sont menées **correctement**, elles peuvent être une **force de changement positif** dans le monde.

Dans le monde corporatif d'aujourd'hui, **l'exemple de Ratan Tata** continue d'inspirer les leaders qui s'efforcent d'équilibrer **rentabilité** et **impact social**, faisant de lui un véritable **pionnier du capitalisme compatissant**.

Un héritage de leadership de résilience et de vision

Le leadership de Ratan Tata durant la **crise financière de 2008** a mis en avant sa capacité unique à naviguer dans l'**instabilité économique** en se concentrant sur la **croissance à long terme**, sur **l'éthique** et sur l'**innovation**. En investissant dans des entreprises en difficulté comme **Jaguar Land Rover**, en restructurant la dette de manière responsable et en plaçant le bien-être des employés en priorité, Tata a prouvé que la **responsabilité sociétale** et le **succès financier** pouvaient coexister, même dans les moments les plus difficiles. Ses actions durant la crise ont non seulement renforcé le **Groupe Tata**, mais ont également consolidé son héritage en tant que l'un des leaders d'entreprise les plus visionnaires et responsables d'Inde.

Les Attentats Terroristes au Taj Mahal Palace Hotel (2008) : Un Symbole de Résilience sous le Leadership de Ratan Tata

Les **attentats terroristes de Mumbai en 2008**, qui se sont déroulés sur quatre jours, du **26 au 29 novembre**, ont marqué l'un des moments les plus sombres de l'histoire de l'Inde. Parmi les 12 sites ciblés, se trouvait l'iconique **Taj Mahal Palace Hotel**, propriété du **Groupe Tata**. L'hôtel a été assiégé pendant près de 60 heures, entraînant la perte de **31 vies** et d'importants dégâts au bâtiment historique. Pendant et après les attaques, le **leadership de Ratan Tata** et la réponse de l'entreprise sont devenus un symbole mondial de **résilience, de compassion et de responsabilité sociétale.**

1. Gestion de Crise Immédiate et Leadership

Durant les attaques, le personnel de l'hôtel Taj, dont beaucoup ont perdu la vie en protégeant des clients, a fait preuve d'un courage extraordinaire. À la suite de cette tragédie, Ratan Tata est apparu comme un **leader calme et compatissant** qui s'est personnellement engagé dans le processus de rétablissement.

Présence sur le Terrain: Ratan Tata, malgré le danger, a visité l'hôtel Taj après les attaques pour évaluer les dégâts et soutenir le personnel et les victimes. Son engagement immédiat a symbolisé son **leadership de proximité** et son engagement envers le Groupe Tata et la plus grande communauté de Mumbai.

Soutien aux Victimes et aux Employés: La principale préoccupation de Ratan Tata après les attaques était de s'assurer que les victimes, y compris les employés et leurs familles, soient prises en charge. Tata a annoncé que tous ceux qui avaient été affectés recevraient un **soutien complet,** incluant :

Compensation pour les familles des employés décédés durant l'attaque.

Soutien sanitaire et éducatif pour les enfants des victimes.

Soutien financier pour la réhabilitation de ceux qui ont été blessés.

Cette approche compatissante illustre le **leadership axé sur l'empathie** de Tata. Aucun employé n'a été licencié, et tous les emplois ont été préservés, garantissant la sécurité à long terme de la main-d'œuvre.

2. Un Symbole de Résilience : Rebuilding the Taj Hotel

La **reconstruction du Taj Mahal Palace Hotel** après les **attentats terroristes de Mumbai en 2008** n'était pas seulement un projet de restauration—cela est devenu un puissant **symbole de résilience de l'Inde.** Sous le leadership de **Ratan Tata**, la réponse du Groupe Tata à cette tragédie a été rapide, décisive et profondément symbolique, signalant que ni l'entreprise ni le pays ne seraient vaincus par le terrorisme.

Restauration Rapide : Une Promesse Tenue

Après les attaques, **Ratan Tata** a clairement indiqué que l'hôtel Taj ne serait pas seulement reconstruit mais émergerait plus fort que jamais. Il a déclaré célèbre que l'hôtel serait restauré comme un **"symbole de la résilience de l'Inde."** Et il ne blaguait pas. En moins de **trois semaines** après l'attaque, certaines parties de l'hôtel ont été rouvertes au public, un geste qui signalait la détermination du pays à **se relever rapidement**. La restauration complète a été achevée en **2010**, ramenant l'hôtel à sa gloire d'antan en tant que l'un des **hôtels les plus luxueux et emblématiques au monde**.

Il ne s'agissait pas seulement de briques et de mortier—cela visait à montrer au monde que **l'Inde** et **Tata** ne seraient pas intimidées par la violence ou la peur. La réouverture rapide de l'hôtel était une déclaration audacieuse de **défi** contre le terrorisme et un rappel que **l'espoir** et **l'esprit humain** sont indéfectibles.

Héritage et Modernisation : Équilibrer le Passé et l'Avenir

La vision de Ratan Tata pour le **Taj Hotel** n'était pas seulement de rouvrir les portes ; il s'agissait de trouver le parfait équilibre entre **préserver l'histoire** et garantir **la sécurité moderne**. L'hôtel est imprégné d'héritage, ayant ouvert ses portes en 1903, et occupe une place emblématique dans le **paysage culturel et architectural de l'Inde**. Tata était déterminé à **restaurer ses éléments historiques**, et le groupe a entrepris des efforts méticuleux pour **préserver** son charme d'origine. De la célèbre **Grande Escalier** à la élégante **dôme**, l'hôtel a été restauré avec un engagement à honorer son **héritage**.

En même temps, Tata n'a pas hésité à moderniser l'infrastructure. En réponse à l'attaque, l'hôtel a incorporé des **systèmes de sécurité à la pointe de la technologie** et de **nouveaux protocoles de sécurité** pour prévenir de futurs incidents. Ce mélange soigneux de **préservation** et de **modernisation** était symbolique non seulement pour l'hôtel mais pour **l'Inde elle-même**, représentant un pays qui respecte son passé tout en embrassant audacieusement son avenir.

La gestion par Ratan Tata de la **reconstruction de l'hôtel Taj** est devenue un **symbole de la force de l'Inde**, démontrant qu'en dépit de la tragédie, la nation pouvait se relever, reconstruire et avancer avec **fierté et résilience**.

3. Responsabilité Sociale des Entreprises et Soutien à Long Terme

Ratan Tata ne s'est pas seulement concentré sur la reconstruction du **Taj Mahal Palace Hotel** après les dévastateurs **attentats de Mumbai en 2008**; il a tourné son attention vers le bien-être à long terme des victimes, des employés et de leurs familles. Sous sa direction, le **Groupe Tata** a adopté une approche complète de la **responsabilité sociale des entreprises**, s'assurant que leurs efforts n'étaient pas seulement une **réaction à court terme** mais un engagement durable envers la **réhabilitation** et le **soutien**.

Au-delà des Obligations Légales : Un Héritage de Compassion

Alors que de nombreuses entreprises pourraient remplir leurs **obligations légales** et passer à autre chose, Tata a **dépensé bien plus** que ce qui était requis. Les familles des victimes n'ont pas seulement reçu une compensation—elles ont bénéficié de **aide financière à long terme**, qui incluait un soutien pour **l'éducation, le logement**, et **les soins de santé**. Ces gestes allaient bien au-delà de ce que la loi exigeait, illustrant l'**éthique de responsabilité** de Tata qui ne se limitait pas à cocher des cases, mais à faire une réelle **différence dans la vie des gens**.

Tata a également veillé à ce que les **employés** et ceux affectés par les attaques reçoivent le **soutien financier et émotionnel** dont ils avaient besoin. Ce n'était pas simplement un élément à cocher sur une liste ; Tata était déterminé à créer un environnement de **sécurité et de soin**, s'assurant que ceux qui avaient subi un traumatisme étaient soutenus à tous les niveaux.

Soutien aux Survivants : Une Réponse Humaine

Les efforts du Groupe Tata ne se limitaient pas à de la **aide financière**. Ils comprenaient les implications plus profondes du traumatisme, et **Ratan Tata** s'est assuré que les survivants reçoivent également un **soutien émotionnel et psychologique**. **Des services de counseling** ont été fournis non seulement pour les employés mais aussi pour leurs familles, les aidant à faire face aux conséquences de la tragédie.

Dans un geste profondément personnel, **Ratan Tata** lui-même a rendu visite aux familles des victimes, leur offrant **confort et soutien**. Son attention n'était pas seulement portée sur le fait de couper des chèques, mais sur la fourniture d'une **réponse humaine et compatissante** envers les personnes touchées. Ce niveau d'**implication personnelle** et l'accent mis sur le **bien-être émotionnel** démontraient sa croyance en un style de leadership qui place **les personnes en premier**—une marque de fabrique de l'héritage de Tata.

L'approche de Ratan Tata concernant la **réhabilitation à long terme** après les attaques de 2008 reste un témoignage de sa conviction que la **responsabilité sociétale des entreprises** ne se limite pas à faire le strict minimum. Il s'agit de **se tenir aux côtés des gens**, de garantir leur **bien-être** longtemps après que l'attention des médias se soit estompée, et de créer une **culture de soin et de compassion** qui définit le **Groupe Tata** jusqu'à ce jour.

4. Leadership Éthique en Temps de Crise

Les actions de Ratan Tata durant les attaques ont illustré son **engagement envers un leadership éthique**. Son implication personnelle dans les efforts de secours et son refus de considérer l'attaque uniquement comme une crise d'entreprise, se concentrant plutôt sur l'aspect humain de la tragédie, lui ont valu un large respect.

Diriger avec Compassion: L'accent mis par Tata sur la **compassion et l'empathie** plutôt que sur le profit se distinguait nettement des réponses mondiales à des crises similaires. Ses actions ont montré que le rôle d'un leader d'entreprise s'étend au-delà de la performance financière—il implique un devoir moral de protéger et de soutenir ceux qui sont touchés par des crises.

Concentration sur la Communauté: Ratan Tata n'a pas limité ses efforts à l'hôtel Taj ou au Groupe Tata. Il a étendu son soutien à **d'autres victimes des attaques** à travers Mumbai, y compris des civils blessés, des policiers et des secouristes. Cette large portée d'assistance a renforcé la croyance de Tata dans la **responsabilité sociale** de l'entreprise et son rôle intégral dans le **bien-être communautaire**.

5. Reconnaissance Mondiale et Héritage

La gestion par Ratan Tata des attentats de Mumbai en 2008 ne lui a pas seulement valu de l'admiration chez lui—cela lui a apporté une **reconnaissance mondiale** pour ses **efforts humanitaires** et son **leadership en temps de crise**. À une époque où la peur et le chaos auraient pu submerger, les actions de Tata ont été un modèle de la manière de concilier **responsabilités commerciales** et **compassion humaine.** Cette combinaison d'**éthique** et de **résilience** a solidifié le **Groupe Tata** comme une référence mondiale sur la manière dont une entreprise devrait répondre en période de **crise.**

Un Symbole de la Force de l'Inde

La restauration du **Taj Mahal Palace Hotel** est devenue plus qu'une décision commerciale—elle est devenue un puissant **symbole de la résilience de l'Inde.** En restaurant l'hôtel si rapidement et avec tant de soin, **Ratan Tata** a envoyé un message non seulement aux habitants de l'Inde mais à l'ensemble du monde : **le terrorisme** ne vaincrait pas l'esprit ou la fierté du pays. L'**engagement du Groupe Tata** à restaurer l'hôtel, en préservant son héritage tout en le modernisant, était l'incarnation de la **détermination de l'Inde** à surmonter l'adversité.

Héritage de Leadership

Le leadership de Ratan Tata durant la crise n'a pas seulement réparé un bâtiment—il a redéfini ce à quoi la **responsabilité sociétale des entreprises** pouvait ressembler. Son accent mis sur **les personnes plutôt que sur les profits** après les attaques, allant de l'offre d'un **soutien à long terme** aux victimes et aux employés, à la visite personnelle des familles de ceux qui ont été touchés, l'a établi comme un leader motivé par l'**empathie.** Ce n'était pas simplement une gestion de crise ; c'était un **leadership humain.**

Ses actions durant et après les attaques continuent d'inspirer des entreprises à travers le monde, établissant un **standard** pour la manière dont le **succès financier** peut coexister avec la **responsabilité sociale.** Le **Groupe Tata** est devenu la référence en matière de **comportement éthique des entreprises**, et l'héritage de Tata continue de façonner la manière dont les entreprises abordent la **crise, la compassion,** et l'**impact à long terme.**

Grâce à son leadership, Ratan Tata a démontré que **le véritable leadership** ne consiste pas seulement à **prendre des décisions** dans la salle de conseil—il s'agit de diriger avec **le cœur** dans les moments les plus difficiles.

COVID-19 et Au-delà : Le Rôle de Tata dans la Réponse de l'Inde Corporative

Durant la **pandémie de COVID-19**, le **Groupe Tata**, sous la direction de **Ratan Tata** et de **N. Chandrasekaran** (actuel président de Tata Sons), a joué un rôle significatif dans la **réponse de l'Inde corporative** à la crise. Les contributions de Tata allaient au-delà des intérêts commerciaux et mettaient en avant **la santé publique, le bien-être des employés**, et **le soutien communautaire**, reflétant l'engagement de longue date du groupe envers la **responsabilité sociale des entreprises (RSE)**.

1. Réponse Immédiate et Aide Financière

Le **Groupe Tata** a agi rapidement dans les premiers mois de la pandémie, apportant des contributions significatives aux efforts de secours liés à la pandémie. En **mars 2020**, Tata Trusts et Tata Sons se sont engagés à verser **₹1 500 crore** (environ 200 millions de dollars) pour lutter contre la COVID-19. Cette aide financière a été dirigée vers :

Infrastructure de Santé : Des fonds ont été alloués pour fournir des **équipements de protection individuelle (EPI)**, des **ventilateurs** et des **kits de test** pour les travailleurs de la santé. Tata Trusts s'est également concentré sur **l'augmentation de la capacité de test** en mettant en place des **hôpitaux modulaires** et en élargissant le nombre de laboratoires de test à travers l'Inde.

Vaccins et Santé Publique : Tata Trusts a travaillé en étroite collaboration avec le gouvernement pour soutenir **la distribution de vaccins** et le développement d'infrastructures de santé dans les zones rurales. Le groupe a collaboré avec des organisations internationales et des centres de recherche pour accélérer la disponibilité des vaccins, garantissant que les communautés marginalisées aient accès à l'immunisation.

Partenariat avec le CSIR et le BIRAC : Tata Sons a noué un partenariat avec le **Conseil de recherche scientifique et industrielle de l'Inde (CSIR)** et le **Conseil d'assistance à la recherche industrielle en biotechnologie (BIRAC)** pour créer une **plateforme de test COVID-19**. Cette plateforme visait à augmenter les tests et à aider au traçage des contacts, contribuant à l'effort national pour freiner la propagation du virus.

2. Accent sur le Bien-être des Employés

Un point central de la réponse de Tata à la pandémie était d'assurer la sécurité et le bien-être de ses employés à travers ses diverses entreprises. Quelques des mesures prises comprennent :

Protocoles de Santé et de Sécurité : Les entreprises Tata ont mis en œuvre des **politiques de travail à domicile**, fourni l'accès à des **installations de santé**, et mis en place des **services de télémédecine** pour protéger les employés. Des programmes spéciaux de santé mentale et de conseil ont été introduits pour soutenir les employés faisant face à l'impact psychologique de la pandémie.

Soutien Financier aux Employés : Tata Motors, Tata Steel et d'autres entreprises Tata ont offert des **indemnités financières** et des prestations médicales étendues aux employés touchés par la pandémie. Les familles des employés décédés à cause de la COVID-19 ont reçu un soutien financier, une couverture médicale et un soutien éducatif pour leurs enfants.

Assurance COVID-19 : Tata a fourni une **assurance santé spécifique à la COVID-19** pour ses employés, leur garantissant un accès aux soins médicaux sans le fardeau de coûts élevés. Cette action a souligné l'engagement du groupe à soutenir sa main-d'œuvre durant la crise.

3. Contributions à la Santé Publique et à la Technologie

Les contributions de Tata à **la santé publique** durant la pandémie ont également englobé des innovations technologiques et des partenariats :

Tata Consultancy Services (TCS) a joué un rôle clé dans le développement de **solutions numériques** pour soutenir les efforts de secours liés à la pandémie. TCS a construit des plateformes pour les **services de santé**, le **traçage des contacts**, et la **gestion des données** pour le gouvernement indien, aidant à suivre les cas de COVID-19 et à améliorer l'allocation des ressources.

Tata Steel et d'autres entreprises ont fourni des approvisionnements en oxygène aux hôpitaux à l'apogée de la crise de l'oxygène en Inde pendant la deuxième vague en 2021. Tata Steel a détourné des approvisionnements en oxygène industriel vers les hôpitaux, offrant plus de **1 000 tonnes métriques d'oxygène liquide par jour**, sauvant d'innombrables vies durant la période la plus critique de la pandémie.

4. Soutien Communautaire et Impact Social

L'impact du Groupe Tata durant la pandémie ne s'est pas limité à la santé, mais s'est également étendu à l'adressage des **défis économiques et sociaux** exacerbés par la crise :

Distribution de Nourriture et de Biens Essentiels : Tata Trusts et les entreprises sous l'égide de Tata ont mobilisé des ressources pour distribuer des **aliments, des fournitures d'assainissement et des produits d'hygiène personnelle** aux communautés touchées, y compris les travailleurs migrants et les ouvriers journaliers qui ont été laissés sans emploi à cause des confinements.

Soutien aux Travailleurs Migrants : Reconnaissant la détresse des **travailleurs migrants** durant la pandémie, le Groupe Tata a fourni une aide financière et a collaboré avec des organismes gouvernementaux pour mettre en place des **camps de secours** pour les travailleurs bloqués. Ces camps offraient un abri temporaire, de la nourriture, et des services de santé.

Initiatives Éducatives : Tata Trusts a lancé plusieurs programmes pour combler le **vide éducatif** créé par la pandémie. Cela incluait des outils d'éducation numérique pour les étudiants dans les zones rurales et défavorisées qui n'avaient pas accès à l'école traditionnelle en raison des confinements et du passage à l'apprentissage en ligne.

5. Leadership Personnel de Ratan Tata

Tout au long de la pandémie, **Ratan Tata** a été activement impliqué, tant en tant que leader qu'en tant qu'avocat public de la compassion et de l'unité. Il a exprimé ses vues sur **les réseaux sociaux**, appelant à **l'empathie et la solidarité** face à cette crise sans précédent, tout en soulignant l'importance de protéger les moyens de subsistance en même temps que les vies.

Le leadership de Ratan Tata a renforcé les valeurs du Groupe Tata en matière de **résilience, d'éthique et de responsabilité**. Son approche personnelle—souvent en restant en retrait tout en fournissant un soutien critique—met en lumière son accent sur la **philanthropie silencieuse** et l'assurance d'un impact à long terme.

6. Au-delà de la COVID-19 : Une Approche Axée sur l'Avenir

Alors que le monde émerge de la pandémie, le Groupe Tata prend des mesures pour aider à la reprise à long terme de l'Inde :

Investissements en Santé : Tata continue d'investir dans l'infrastructure de santé en Inde, en particulier dans les zones rurales. Tata Trusts travaille également sur l'expansion des **services de télémédecine** et l'augmentation de l'accès aux soins de santé dans les régions éloignées.

Technologie et Durabilité : Après la pandémie, le Groupe Tata se concentre sur l'utilisation de la **technologie** pour promouvoir le **développement durable**. Cela inclut l'avancement des **projets d'énergie propre**, l'expansion de **l'infrastructure numérique**, et le soutien aux innovations en matière d'**éducation** et de **santé**.

Efforts de Vaccination : Tata a joué un rôle clé dans le soutien aux efforts de vaccination, aidant à financer et à distribuer des vaccins aux populations défavorisées. Grâce à des **partenariats public-privé**, les contributions de Tata à la distribution des vaccins aident l'Inde à gérer les besoins de santé publique à long terme après la pandémie.

Leadership en Temps de Crise

La réponse du Groupe Tata à la **pandémie de COVID-19** a reflété ses **valeurs fondamentales de responsabilité sociale** et de **bien-être des employés**, qui sont intégrales à son identité depuis plus d'un siècle. En se concentrant sur **la santé publique, la sécurité des employés**, et **le soutien communautaire**, le Groupe Tata a exemplifié comment une entreprise peut utiliser ses ressources pour le bien commun, même face à des défis mondiaux sans précédent.

L'implication personnelle de Ratan Tata, couplée à la **réflexion stratégique à long terme** de la direction de Tata, a positionné le groupe comme un **pilier de résilience** durant la crise et au-delà. Cette réponse a établi une référence pour la **responsabilité sociale des entreprises** en Inde, illustrant comment les entreprises peuvent jouer un rôle clé dans l'adressage des défis sociétaux durant et après les urgences mondiales.

Chapitre 7 : Le Sage de l'Industrie Indienne

La Retraite de Ratan Tata en 2012 : Se Retirer, mais Rester un Guide Influent

En **décembre 2012**, après plus de **deux décennies de transformation** à la tête, **Ratan Tata** a pris sa retraite en tant que **président de Tata Sons**, la société holding du **Groupe Tata**. Sa retraite a marqué la fin d'un chapitre extraordinaire dans l'histoire du groupe. Sous sa direction, le Groupe Tata s'était élargi d'une **entreprise axée sur l'Inde** à un **conglomérat mondial**, avec des acquisitions de haut niveau telles que **Tetley Tea**, **Corus Steel**, et **Jaguar Land Rover**, renforçant sa position sur la scène mondiale.

Cependant, la **retraite de Ratan Tata** n'était pas un départ complet. Bien qu'il ait quitté ses **responsabilités exécutives**, il a continué à jouer un rôle significatif au sein du groupe en tant que **conseiller et mentor**. Cette implication continue lui a permis de guider **la direction de Tata**, offrant sa sagesse et son expérience alors que le groupe naviguait de nouveaux défis et opportunités sur le marché mondial. Son rôle post-retraite reflétait l'**engagement indéfectible de Tata** envers l'entreprise, même alors qu'il passait le flambeau à une nouvelle génération de leaders.

Bien que **Cyrus Mistry** lui ait succédé en tant que président, l'**influence de Tata est restée forte**, notamment par son implication dans les **Tata Trusts**, qui contrôlent une grande partie des actions du groupe. Sa présence en tant que conseiller a assuré que les **valeurs** de **intégrité**, **d'innovation**, et de **responsabilité sociale** continuent de guider son avenir.

1. Se Retirer du Leadership

Lorsque **Ratan Tata** a pris sa retraite à 75 ans, ce n'était pas juste un moment ordinaire de "montée à cheval vers le coucher de soleil". Oh non, c'était un adieu bien orchestré, suivant les **directives de gouvernance d'entreprise du Groupe Tata**, qui, étant l'entité respectueuse des règles qu'elle est, impose une limite d'âge pour les cadres supérieurs. Vous savez, comme dire à quelqu'un : "Hé, merci d'avoir élargi l'empire et fait l'histoire, mais maintenant il est temps de freiner." Mais est-ce que **Ratan Tata** a ralenti ? Ha ! Pas une chance.

Pour s'assurer que cette **transition** se soit bien déroulée (car avouons-le, on ne remplace pas un homme comme **Ratan Tata** du jour au lendemain), **Tata Sons** a commencé un plan de succession structuré—comme un ballet bien chorégraphié mais avec des tableurs. En **2011**, ils ont annoncé **Cyrus Mistry** comme l'héritier du trône d'entreprise, un choix qui allait avoir ses propres, disons, *rebondissements* par la suite. Mais plus sur cela une autre fois.

Maintenant, prenons un moment pour apprécier ce que **Ratan Tata** avait accompli au moment où il a raccroché son costume en **décembre 2012**. Sous sa direction, le **Groupe Tata** n'a pas seulement grandi—il a entrepris une **virée shopping mondiale** qui ferait même lever un sourcil aux plus aguerris des magnats d'affaires.

Tetley Tea, Corus Steel, et **Jaguar Land Rover** (**JLR**)—trois marques emblématiques, toutes acquises sous la direction de Tata. Tout à coup, Tata n'était plus seulement **la fierté de l'Inde**, il était désormais un **acteur mondial**, côtoyant les plus grands noms du monde des affaires.

Ensuite, il y a eu le lancement de la **Tata Nano**—une tentative ambitieuse (si légèrement originale) de mettre **la classe moyenne indienne** au volant. Certes, cela n'a pas été un succès retentissant, mais bon, **Ratan Tata** a tenté le coup, et c'était la preuve de sa **pensée visionnaire**.

Et n'oublions pas **Tata Consultancy Services (TCS)**, l'entreprise qui est passée d'une humble division de services logiciels à un **géant mondial de l'informatique** sous sa direction. Si quelque chose a cimenté le statut de Tata comme une puissance commerciale, c'était cette **transformation technologique**.

Au moment où **Ratan Tata** a dit adieu à son rôle de président, le **Groupe Tata** générait plus de **100 milliards de dollars** par an, avec un incroyable **65 % de ce revenu provenant de l'extérieur de l'Inde**. En bref, il n'a pas seulement développé l'entreprise—il l'a **redéfinie**, la transformant en l'un des plus grands et des plus respectés des conglomérats mondiaux. Une légende ? Oh, absolument.

2. Continuer en tant que Conseiller et Mentor

Alors que Ratan Tata a quitté son poste formel de président, il ne s'est pas complètement désengagé du Groupe Tata. Il est resté **étroitement associé** à la branche caritative du groupe, **Tata Trusts**, qui contrôle environ **deux tiers de l'équité de Tata Sons**. En tant que président des Tata Trusts, Ratan Tata a joué un rôle clé dans l'orientation des activités philanthropiques du groupe, en particulier dans des domaines tels que **la santé**, **l'éducation**, **le développement rural**, et **l'innovation sociale**.

Sa position dans les Tata Trusts lui a permis de demeurer influent dans la définition de l'orientation générale du Groupe Tata, alors que les Trusts détiennent une influence significative sur la direction de Tata Sons.

Rôle de Conseiller : L'implication continue de Ratan Tata en tant que conseiller lui a donné l'occasion d'offrir des conseils à la direction du groupe. Même après sa retraite, il était fréquemment consulté sur les grandes décisions stratégiques et restait une figure respectée au sein du Groupe Tata. Sa présence a assuré une continuité, apportant une assurance tant aux employés qu'aux investisseurs.

Mentorat de la Nouvelle Génération: Tata a également pris un **rôle de mentorat**, notamment pour les jeunes leaders au sein du Groupe Tata et au-delà. Son approche du leadership, caractérisée par **humilité, éthique,** et **vision à long terme,** continue d'inspirer de nombreuses personnes dans le monde des affaires. Il a encadré des entrepreneurs et des startups, investissant souvent personnellement dans des entreprises émergentes qui s'alignent sur ses valeurs d'impact social et d'innovation.

3. Naviguer à Travers la Période de Transition

La transition de **Ratan Tata** à **Cyrus Mistry** a commencé comme un processus fluide et mesuré, mais comme on dit dans le monde des affaires, des mers calmes ne font pas des marins habiles. Et, oh là là, ces mers sont devenues agitées. **Cyrus Mistry,** nommé en **2012,** semblait être un successeur naturel au début, mais en **2016,** la relation entre Mistry et le conseil d'administration de **Tata Sons** a chuté—comme l'un de ces moments de film où tout est parfait, et puis *bam,* le chaos.

Un Conflit de Visions

Le problème central ? Eh bien, il était perçu par beaucoup comme une **bataille pour l'âme du Groupe Tata.** Le style de leadership de Mistry et ses décisions stratégiques entraient en conflit avec l'**éthique Tata,** qui a toujours mis l'accent sur **l'éthique, la vision à long terme,** et **la responsabilité** plutôt que sur les gains à court terme. Mistry, connu pour son approche plus pragmatique, mettait l'accent sur **la rentabilité** et **l'efficacité**—mais cela semblait entrer en conflit avec les **valeurs de l'héritage** que **Ratan Tata** avait passé des décennies à cultiver. Ce qui a suivi fut un **renvoi abrupt** de Mistry en tant que président en **octobre 2016,** et soudainement, la salle de conseil est devenue le terrain zéro d'une bataille juridique très médiatisée.

Ratan Tata Retourne : Le Chevalier en Armure Brillante

Au milieu du chaos, le **conseil de Tata Sons** avait besoin d'une main stable, et qui de mieux que **Ratan Tata** lui-même ? Il est revenu à la tête en tant que **président par intérim**, calme et posé, tel un homme d'État âgé revenant pour redresser la situation. Son retour n'était pas seulement une question de visage familier—il s'agissait d'apporter **stabilité** à un moment où le groupe faisait face à des **risques réputationnels** et à une crise de leadership interne. Alors que la bataille entre **Mistry** et le conseil se déroulait dans les tribunaux et les gros titres, **Ratan Tata** s'est silencieusement attelé à garantir que l'avenir du groupe reste solide.

Un Nouveau Leader, Avec la Bénédiction de Tata

En **2017**, les choses se sont calmées lorsque le groupe a annoncé **N. Chandrasekaran**, l'ancien PDG de Tata Consultancy Services (**TCS**), comme le nouveau président de **Tata Sons**. Chandrasekaran, ou **Chandra**, comme il est affectueusement connu, était un homme avec une compréhension profonde des valeurs du Groupe Tata et un bilan éprouvé de **transformation de TCS en un géant mondial de l'informatique**. Son appointment n'était pas seulement une décision du conseil ; elle avait **le soutien total de Ratan Tata**. Et quand vous avez le soutien de Tata, vous savez que vous êtes sur la bonne voie.

Depuis lors, **la direction de Chandra** a ramené la stabilité dont le groupe avait besoin. Sous sa direction, le Groupe Tata est revenu à une **croissance durable**, avec **l'héritage de Tata** fermement intact. La transition a été turbulente, mais avec Ratan Tata intervenant à un moment critique, cela est devenu un nouveau chapitre dans la longue histoire de résilience du groupe.

4. Philanthropie Personnelle et Investissements Après la Retraite

Après sa retraite, Ratan Tata s'est également concentré sur la **philanthropie personnelle** et les **investissements dans des startups,** alignant ses investissements avec des causes sociales et l'innovation. Son intérêt personnel pour les startups a été une entreprise notable après sa retraite, puisqu'il a investi dans plusieurs startups indiennes de premier plan, notamment :

Ola (services de transport)

Paytm (paiements numériques)

UrbanClap (services à la demande)

Les investissements personnels de Tata ciblent souvent des **startups technologiques** qui répondent à des **défis sociétaux**, tels que l'amélioration de l'accès aux soins de santé, l'inclusion financière, et la création d'opportunités d'emploi.

5. L'Influence Durable de Ratan Tata

Malgré sa retraite, **l'influence de Ratan Tata** sur le Groupe Tata reste indéniable. Ses valeurs de **leadership éthique, responsabilité sociale**, et **gouvernance d'entreprise** continuent de façonner les opérations du groupe. Sa présence continue au sein des **Tata Trusts**, combinée à son mentorat des dirigeants actuels du groupe, garantit que l'**héritage d'intégrité** et de **philanthropie** de Tata reste central à l'identité du conglomérat.

La vision et les conseils de Ratan Tata ont également assuré que le Groupe Tata reste **orienté vers l'avenir,** avec des investissements majeurs dans des domaines tels que **la durabilité, l'énergie propre, la transformation numérique**, et **l'innovation technologique.**

Mentorat : L'Influence de Ratan Tata sur la Prochaine Génération d'Entrepreneurs Indiens

L'héritage de Ratan Tata s'étend bien au-delà de son mandat en tant que président de **Tata Sons**. Depuis sa retraite en 2012, Tata a joué un rôle actif dans le mentorat de la prochaine génération d'**entrepreneurs indiens**. Il est devenu un **symbole de leadership éthique**, inspirant les entrepreneurs à se concentrer non seulement sur les profits mais aussi à intégrer **la responsabilité sociale** et **la durabilité** dans leurs entreprises.

1. Soutenir les Jeunes Entrepreneurs : Investissements de Risque

Après sa retraite, Ratan Tata s'est profondément impliqué dans le **capital-risque**, investissant dans de nombreuses startups indiennes et mentorant de jeunes entrepreneurs dans divers secteurs. Ses investissements se concentrent souvent sur des **startups à fort impact social**, **technologiques** qui s'alignent sur ses valeurs fondamentales d'**innovation, d'inclusivité**, et **d'éthique**.

Ola (services de transport): Tata a effectué un investissement personnel dans **Ola**, l'un des principaux services de transport en Inde. Son investissement et ses conseils ont aidé Ola non seulement financièrement, mais aussi à naviguer à travers les défis de la mise à l'échelle de l'entreprise tout en maintenant **le bien-être des employés** et **des pratiques centrées sur le client**.

Paytm (paiements numériques): Un autre investissement de premier plan a été dans **Paytm**, une entreprise de paiements numériques en Inde. Le soutien de Ratan Tata a été instrumental pour renforcer la crédibilité de l'entreprise sur un marché compétitif, et ses conseils sur l'équilibre entre la croissance rapide et la durabilité à long terme ont eu une influence significative sur le succès de l'entreprise.

UrbanClap (maintenant Urban Company): Tata a investi dans **UrbanClap**, une plateforme de services à la demande, et a soutenu les fondateurs dans la mise à l'échelle de l'entreprise. Ses conseils se concentraient sur le maintien de la confiance des clients, garantissant un traitement équitable des prestataires de services, et maintenant l'éthique des opérations de l'entreprise à mesure qu'elle grandissait.

Le soutien de Tata à ces startups va au-delà d'un simple investissement financier. Il s'engage souvent auprès des fondateurs, leur offrant des conseils sur la stratégie, la gestion, et le leadership. Son insistance sur **la gouvernance éthique** résonne avec de nombreux jeunes entrepreneurs qui le voient comme un modèle de la manière de construire des entreprises prospères avec intégrité.

2. Symbole de Leadership Éthique

L'approche de Ratan Tata dans les affaires, définie par **un leadership éthique**, a fait de lui un symbole de **capitalisme responsable** en Inde. Tout au long de sa carrière, Tata a défendu l'idée que les entreprises devraient équilibrer **la rentabilité** avec **l'impact social**, plaidant pour un style de leadership qui priorise le bien-être des employés, des clients, et de la société.

Respect des Valeurs: Tata a toujours cru en l'importance du **fair play** et du **leadership moral**. Pendant son mandat en tant que président de Tata Sons, il a fixé des normes élevées pour **la gouvernance d'entreprise** au sein du groupe. Sa conviction que **l'intégrité** et **l'honnêteté** sont fondamentales au leadership a inspiré de nombreux entrepreneurs à adopter des pratiques similaires dans leurs entreprises.

Responsabilité Sociale des Entreprises (RSE): Ratan Tata a joué un rôle majeur dans l'intégration de **la RSE** dans l'ADN du Groupe Tata. Son engagement à utiliser les affaires comme une force pour le bien a inspiré la jeune génération d'entrepreneurs à considérer la RSE comme plus qu'une simple exigence réglementaire, mais comme une partie intégrante de leur mission d'entreprise.

Philanthropie et Rendre à la Société: L'implication profonde de Tata dans **la philanthropie** à travers **Tata Trusts** a encore renforcé son rôle en tant que symbole de **leadership socialement responsable.** Ses valeurs personnelles de rendre à la société ont encouragé de nombreux entrepreneurs modernes à intégrer des causes sociales dans leurs entreprises, entraînant un changement dans la manière dont les affaires sont menées en Inde.

3. Mentorat Personnel et Plaidoyer

Au-delà des investissements, Ratan Tata s'intéresse souvent personnellement à la **croissance et au développement** des entrepreneurs. Il est connu pour son attitude accessible et humble, ce qui fait de lui une figure approachable pour les jeunes leaders en quête de conseils. Quelques domaines clés de son mentorat incluent :

Pensée à Long Terme: Tata encourage les entrepreneurs à **se concentrer sur des objectifs à long terme** plutôt que sur des profits à court terme. Il leur conseille souvent de construire des entreprises capables de se soutenir et de prospérer pendant des décennies, suivant l'héritage du Groupe Tata en matière de création de valeur à long terme.

Équilibrer Ambition et Éthique: Tata mentorise les entrepreneurs sur l'importance de **l'ambition éthique**—l'idée qu'il est possible d'être à la fois motivé et principiel. Il conseille aux startups de donner la priorité à des pratiques éthiques même dans des environnements compétitifs et sous pression.

Résilience et Intégrité: L'une des leçons clés qu'il transmet est l'importance de la **résilience** face aux défis. Tata lui-même a dirigé le Groupe Tata à travers des périodes difficiles, y compris la **crise financière mondiale de 2008** et les **attentats terroristes de Mumbai.** Sa capacité à naviguer à travers ces défis tout en maintenant un leadership éthique a inspiré les jeunes leaders à faire face à l'adversité avec grâce et intégrité.

4. Influence sur l'Écosystème des Startups en Inde

L'implication de Ratan Tata dans l'**écosystème des startups en Inde** a eu un impact durable sur la façon dont l'entrepreneuriat est perçu dans le pays. Il a aidé à créer un environnement où **l'innovation et la responsabilité** sont perçues comme des forces complémentaires, et non opposées. Ses investissements et son mentorat ont favorisé une nouvelle génération d'entrepreneurs qui priorisent **l'impact social, la durabilité, et la croissance inclusive.**

La Culture des Startups en Croissance en Inde: L'écosystème des startups indiennes a prospéré au cours de la dernière décennie, et l'implication de Ratan Tata a aidé à créer une culture de **l'entrepreneuriat éthique.** Son plaidoyer pour une croissance responsable, couplé à son soutien direct aux startups, a poussé les entrepreneurs à se concentrer sur **la construction d'entreprises évolutives** qui bénéficient également à la **société.**

Modèle pour les Nouveaux Entrepreneurs: La stature de Tata en tant que **homme d'affaires d'État** et son engagement envers **des causes sociales** ont fait de lui un **modèle** pour les entrepreneurs modernes. De nombreux fondateurs des principales startups indiennes le citent comme une source d'inspiration, non seulement pour son sens des affaires, mais aussi pour son style de leadership axé sur les valeurs.

Image Publique : La Personnalité de Ratan Tata—Réservé, Timide devant les Médias, et Pourtant Hautement Respecté

Ratan Tata est une figure qui défie le stéréotype typique du tycoon d'affaires. Dans un monde où le succès équivaut souvent à une présence bruyante et publique, Tata a toujours été à part—réservé, intensément privé, et pourtant suscitant un profond respect. Son image publique est façonnée par son charisme discret et sa véritable humilité, des qualités qui résonnent bien au-delà de la salle de conseil.

Dignité Silencieuse

La voix de Ratan Tata ne résonne que rarement, et il n'en a pas besoin. C'est un leader réservé dont les paroles ont du poids précisément parce qu'elles sont mesurées et réfléchies. Là où d'autres pourraient dominer la conversation avec des déclarations tapageuses, le style de Tata a toujours été ancré dans une autorité tranquille. C'est cette manière calme et introspective qui a fait de lui l'une des figures les plus respectées en Inde et dans le monde. Son comportement en dit long sur son caractère : modeste, ancré, et, surtout, toujours au service du bien commun.

Timide devant les Médias, mais Présent de Manière Puissante

La nature discrète de Ratan Tata est devenue une partie de sa légende. À une époque où de nombreuses figures d'affaires savourent chaque occasion de se mettre devant une caméra ou de tweeter leurs pensées sur tout, des bénéfices trimestriels aux routines de yoga matinales, Tata a toujours préféré **se retirer des projecteurs**. Il n'évite pas les médias par arrogance, mais parce qu'il croit sincèrement qu'il est préférable de laisser son **travail** et les **réalisations du Groupe Tata** parler d'eux-mêmes. Vous ne le trouverez pas en train de faire la queue pour des **TED Talks** ou de publier une citation motivante pour chaque "like" sur les réseaux sociaux. Non, Tata reste une **figure insaisissable** — une personne qui ne s'exprime que lorsque c'est nécessaire.

Les actions parlent plus fort que les mots

La préférence de Ratan Tata pour rester à l'écart des projecteurs découle d'une **croyance profondément ancrée** : ce sont les **résultats**, et non le battage médiatique, qui comptent le plus. Contrairement à certains PDG modernes qui gèrent constamment leur image personnelle ou se transforment en influenceurs, **Tata** reste attaché à l'idée que **la substance l'emporte sur le style**. Et peut-être est-ce pourquoi les gens le respectent encore plus. C'est cette qualité énigmatique — être en **contrôle total de sa présence** tout en ne cherchant pas l'attention — qui lui a conféré une aura de **sagesse mystérieuse**.

Respecté pour son silence

Ce qui est intéressant, c'est que ce manque d'engagement médiatique n'a pas nui à son **image publique** ; en fait, cela l'a renforcée. Le silence de Tata n'est pas perçu comme un vide, mais comme un espace qui rend ses rares paroles publiques encore plus puissantes. Quand **Ratan Tata** parle, les gens écoutent. Ses discours, interviews et déclarations sont **réfléchis, mesurés** et portent le poids de quelqu'un qui ne parle pas juste pour le plaisir. Cette présence calme mais **imposante** a fait de lui une personne encore plus **admire**, non seulement en tant qu'homme d'affaires mais en tant que **leader d'opinion** en Inde et dans le monde entier.

À une époque d'**surexposition**, Ratan Tata a maîtrisé l'art de **rester puissant en restant silencieux**, une rareté dans le monde rapide et axé sur les médias d'aujourd'hui.

Respecté pour son intégrité

Au cœur de l'image publique de Tata se trouve une réputation d'intégrité inébranlable. Il n'est pas seulement respecté pour son sens des affaires mais pour les valeurs qu'il incarne—l'éthique, l'humilité, et la compassion. Même lorsqu'il fait face à des défis, comme l'acquisition de Jaguar Land Rover ou la navigation lors de la crise financière de 2008, Tata a toujours abordé ses décisions en gardant à l'esprit le bien-être à long terme des employés, des actionnaires et de la société. Son leadership éthique a fait de lui un symbole de ce que la responsabilité d'entreprise devrait représenter.

Ce n'est pas seulement une question d'affaires pour Tata ; il s'agit de construire une meilleure société, c'est pourquoi il est connu non seulement comme un capitaine de l'industrie mais aussi comme un bâtisseur de nation. Lorsque Tata entre dans une pièce, il n'est pas besoin de faire du bruit—sa réputation le précède. Il a gagné le respect de la nation, non par des discours éclatants, mais par un **service silencieux et persistant à la société**.

Et c'est cela la beauté de Ratan Tata—il ne cherche pas le respect ; il le trouve. Grâce à sa nature discrète et douce, il a créé un héritage indélébile, non seulement dans les affaires mais dans le tissu même de l'Inde moderne.

Chapitre 8 : Une vie de simplicité au milieu du succès

Vie personnelle : Ratan Tata—Un parcours de célibataire, modestie et passions

Ratan Tata est une figure fascinante, non seulement à cause de ses réalisations dans le conseil d'administration, mais aussi en raison de l'**intrigante simplicité** de sa vie personnelle. Malgré son immense succès, Tata a toujours vécu selon ses propres termes, équilibrant discrètement les exigences du leadership d'entreprise avec un style de vie profondément **privé et modeste**. Alors que sa vie professionnelle a pu se dérouler sur une scène mondiale, sa vie personnelle est un exercice de **minimalisme, d'humilité**, et des joies des **plaisirs simples**.

La décision de rester célibataire

Un des aspects les plus intrigants de **la vie de Ratan Tata** est sa décision de rester **célibataire**, un sujet qui a longtemps piqué la curiosité du public. Contrairement à la plupart des histoires de célibat, celle de Tata est remplie de presque-rencontres et d'un sens de **devoir** plutôt que d'une évitement délibéré du mariage. Dans plusieurs interviews, Tata a partagé candidement qu'il a failli se marier **quatre fois**, mais pour différentes raisons, chaque engagement **est tombé à l'eau**.

Un des moments les plus significatifs concernait une relation durant son séjour aux **États-Unis**. Tata avait développé un lien profond avec quelqu'un pendant ses études à **Cornell** et son travail à **Los Angeles**, mais la vie avait d'autres plans. Il ressentait une **forte envie de retourner en Inde** pour s'occuper d'un membre de sa famille, et par conséquent, la relation n'a pas pu avancer. Son sens du **responsabilité** et de **devoir familial** a toujours été une priorité, même lorsque cela signifiait faire des **sacrifices personnels**.

Cependant, Tata n'a jamais exprimé de regret quant à son célibat. En fait, il a souvent mentionné que bien que ces relations ne se soient pas terminées par un mariage, elles restent des parties importantes et significatives de sa vie. Il semble avoir fait la paix avec les choix que la vie lui a offerts, et il n'a jamais été du genre à laisser les **attentes sociétales** dicter son chemin.

Investir dans un autre type d'héritage

Au lieu d'une **famille traditionnelle**, Tata a canalisé son **côté nourricier** dans les **Tata Trusts** et son **travail philanthropique**. L'énergie et le soin qui auraient pu aller dans une vie familiale personnelle ont plutôt alimenté son engagement envers **des causes sociales**, où il a investi profondément dans l'**éducation, la santé, le développement rural**, et l'**innovation sociale**.

C'est ce mélange d'**indépendance personnelle** et de profonde **responsabilité sociale** qui fait de **Ratan Tata** une figure si intrigante. Il a suivi un chemin qui, bien que non conventionnel selon de nombreux critères, s'alignait avec ses valeurs de **devoir, soin**, et **service désintéressé**. En choisissant de ne pas s'installer dans une structure familiale traditionnelle, il a plutôt **consacré sa vie au bien commun**, laissant un héritage qui transcende les accomplissements personnels.

À bien des égards, le choix de **Ratan Tata** de rester non marié n'a fait qu'ajouter à la **mystique** qui l'entoure, renforçant son image d'homme qui, malgré les pressions sociétales, est resté fidèle à son propre parcours.

Un style de vie modeste

Maintenant, s'il y a une chose qui surprend les gens à propos de **Ratan Tata**, c'est son incroyable **style de vie modeste**. On s'attendrait à ce qu'un homme ayant supervisé **des milliards de revenus** s'adonne aux luxes qui accompagnent son statut—peut-être un manoir s'étendant sur des acres, ou un jet privé toujours en attente. Mais dans la véritable **manière de Ratan Tata**, il a choisi un chemin beaucoup plus simple et ancré.

Tata vit dans un **appartement face à la mer** à **Colaba, Mumbai**, loin des gratte-ciels tape-à-l'œil qui abritent généralement l'élite du pays. Son appartement est dans un **vieux bâtiment**, presque modeste selon les normes de Mumbai, surtout considérant qu'il pourrait facilement se permettre l'un de ces **estates glamour et palatiales**. Pourtant, pour Tata, il n'a jamais été question d'**extravagance**—il s'agit d'être **confortable et connecté** à la vie qui l'entoure.

Terre-à-terre et accessible

Sa modestie ne se limite pas à son lieu de vie. **Ratan Tata** a toujours été connu pour son **comportement terre-à-terre**. Alors que beaucoup de personnes à sa place pourraient rester derrière des portes closes ou garder leurs distances avec les employés, Tata a souvent été vu **mélangeant avec le personnel**, des ouvriers d'usine aux cadres supérieurs. Son style de leadership était basé sur l'**inclusivité**—il traitait tout le monde avec **respect**, peu importe leur rang ou leur rôle. Cela lui a valu non seulement de l'admiration mais un profond respect personnel parmi les personnes qui travaillaient pour lui.

Et soyons clairs : il n'y a pas de **pompe** à propos de Ratan Tata. Pas d'entourage chic, pas de personnalité plus grande que nature—juste un homme qui croit en un leadership basé sur l'**humilité** et l'**empathie**. C'est un géant silencieux dans le monde des affaires, valorisant la connexion humaine plutôt que l'**ostentation**, ce qui rend son influence d'autant plus puissante. Qu'il conduise lui-même une voiture modeste ou qu'il choisisse une **Tata Nano** plutôt qu'un modèle de luxe, les choix de Tata reflètent un **homme de substance**, pas de spectacle.

Dans un monde où les riches et les puissants affichent souvent leur statut, **le style de vie modeste de Ratan Tata** est un rappel rafraîchissant que la véritable grandeur n'a pas besoin d'être enveloppée d'or—elle doit simplement être **authentique**.

Amour des voitures

Quand il s'agit du **style de vie autrement modeste de Ratan Tata**, il y a un domaine où sa passion et son enthousiasme sont impossibles à cacher—son **amour des voitures**. Contrairement à la simplicité tranquille qui définit une grande partie de sa vie, sa collection d'automobiles est l'endroit où Tata laisse briller son enthousiasme intérieur. Et soyons clairs : nous ne parlons pas ici d'une berline familiale ordinaire. La collection de Tata est remplie de véritables **joyaux** qui feraient battre le cœur de tout amateur de voitures.

Une collection qui fait rêver

La collection de voitures personnelles de Ratan Tata est un **mélange d'élégance classique** et de **performance à la pointe de la technologie**. L'un des éléments les plus **iconiques** de sa collection est la **Ferrari California**. Oui, vous avez bien lu—la belle rouge qui incarne le luxe et la performance italiens. L'amour de Tata pour cette Ferrari particulière est bien connu, et bien qu'elle puisse sembler une voiture tape-à-l'œil pour un homme aussi réservé, son approche pour la conduire est beaucoup plus **discrète**. Vous pourriez le voir circuler dans les rues de **Mumbai** dans la Ferrari, mais ne vous attendez pas à des rugissements de moteur aux feux rouges ou à des entrées dramatiques. Pour Tata, il s'agit de la **joie de la machine**, pas de l'attention qu'elle attire.

En plus de sa Ferrari, Tata possède également une **Mercedes-Benz Classe S**—un symbole classique de luxe—et quelques **Land Rovers**, ce qui est logique étant donné que Tata Motors possède maintenant **Jaguar Land Rover**. Sa collection comprend également des **Chrysler Sebrings**, et il a été aperçu au volant d'une **Cadillac XLR**. Bien que chaque voiture soit une **déclaration en soi**, la possession de Tata n'est pas une question d'exhibition ; il s'agit du **plaisir pur de conduire** et de son appréciation pour l'**excellence technique**.

Une influence sur Tata Motors

Son amour pour les automobiles ne s'est pas arrêté à sa collection personnelle. Il a profondément influencé **Tata Motors**, le bras automobile du **Groupe Tata**. Tata a joué un rôle crucial dans la création de certains des véhicules les plus **iconiques** de l'entreprise, y compris la **Tata Indica**—la première voiture de tourisme conçue et produite entièrement en Inde. L'Indica n'était pas qu'une voiture de plus ; c'était un symbole de **l'ingéniosité indienne** et de **l'autonomie** dans l'industrie automobile, et Ratan Tata a joué un rôle déterminant dans la réalisation de ce rêve.

Alors, bien sûr, il y a la **Tata Nano**. Surnommée la "voiture des gens", la **Nano** était un projet ambitieux visant à offrir un **transport abordable** à des millions d'Indiens qui ne pouvaient pas se permettre une voiture traditionnelle. Bien que la Nano n'ait pas réussi à atteindre le succès commercial tant espéré par Tata, elle témoignait de sa **pensée visionnaire** et de son désir de démocratiser la possession de voitures en Inde.

Voitures : Une Passion de Toute Une Vie

Pour **Ratan Tata**, les voitures sont bien plus que de simples machines pour aller d'un point A à un point B. Elles sont des **œuvres d'art**, des merveilles de **l'ingénierie**, et des symboles de **liberté**. Sa passion pour les voitures va au-delà de la conduite—il s'intéresse profondément à la **conception** et à l' **innovation** qui les sous-tendent, reflétant ainsi son amour plus large pour l' **innovation** dans tous les aspects de sa vie. Que ce soit une **Ferrari de luxe** ou une **Tata Nano abordable**, la relation de Ratan Tata avec les voitures est ancrée dans la **créativité** et l' **excellence en ingénierie**.

À bien des égards, **l'amour de Ratan Tata pour les voitures** résume son approche de la vie : **discrète** mais remplie de **profondeur**, motivée par une **passion pour l'excellence** plutôt que par un désir d'attention.

Compagnon Canin et Compassion

S'il y a une chose qui touche vraiment le public chez **Ratan Tata**, c'est son **amour des chiens**. Ses publications sur les réseaux sociaux le montrent souvent avec ses fidèles **compagnons canins**, qui partagent sa maison à **Colaba**. Ce ne sont pas seulement des occasions de photo non plus—le lien de Tata avec ses chiens reflète son profond amour authentique pour les animaux. Sa résidence est plus qu'un simple sanctuaire pour lui ; c'est un havre de paix pour ses **amis à quatre pattes**, et ils apparaissent souvent en bonne place dans ses moments de détente.

Avocat du Bien-Être Animal

Mais la compassion de Tata pour les animaux va bien au-delà de ses propres animaux de compagnie. Il est un **avocat de longue date du bien-être animal**, montrant une affection particulière pour les **chiens errants**. Pendant son mandat en tant que président de l'**Hôtel Taj Mahal Palace**, Tata a veillé à ce que les errants qui parcouraient les jardins de l'hôtel ne soient pas seulement tolérés mais **pris en charge**. Cela est devenu encore plus évident après les **attentats de Mumbai en 2008**, lorsque les chiens errants de l'hôtel ont reçu des soins particuliers durant les efforts de reconstruction. Alors que le monde entier se concentrait sur la restauration de l'hôtel, Tata veillait discrètement à ce que **tous les êtres vivants**, humains et animaux, soient pris en charge.

Un Reflet de Sa Gentillesse Plus Large

L'empathie de Ratan Tata envers les animaux n'est qu'une fenêtre sur sa gentillesse plus large et son **esprit bienveillant**. Que ce soit avec des gens ou des animaux de compagnie, les actions de Tata reflètent systématiquement sa croyance fondamentale en **le respect de tous les êtres vivants**. Il ne se contente pas de parler de la gentillesse—il la pratique, que ce soit en aidant les défavorisés ou en s'assurant que les **chiens errants** aient un endroit sûr à appeler chez eux.

À une époque où le pouvoir et la richesse sont souvent associés à un détachement du quotidien, **Ratan Tata** continue de montrer que **la compassion** est le véritable marqueur de la grandeur, traitant les plus vulnérables, qu'ils soient **humains ou animaux**, avec le soin et la dignité qu'ils méritent.

Passionné d'Architecture

Et puis il y a son **amour de l'architecture**. L'intérêt de Ratan Tata pour le design ne se limite pas aux voitures—il a étudié l' **architecture** à l'Université Cornell avant de se tourner vers l'ingénierie, mais la passion pour le design ne l'a jamais quitté. Son œil aiguisé pour la beauté architecturale peut être vu dans les projets de restauration qu'il a défendus, comme le **Taj Mahal Palace Hotel** après les attentats terroristes de 2008. Tata a veillé à ce que l'hôtel soit restauré à sa gloire d'antan, préservant son héritage tout en intégrant des caractéristiques de sécurité modernes.

L'intérêt de Tata pour l'architecture témoigne de son amour plus large pour le **design esthétique** et l' **innovation**, des qualités qui ont également joué un rôle dans la définition des initiatives du Groupe Tata dans le domaine de la construction et des infrastructures. Son appréciation profonde pour la forme et la fonction se reflète dans sa manière d'aborder la vie—toujours à la recherche de construire quelque chose de significatif, que ce soit dans les affaires ou dans son environnement personnel.

Voilà, Ratan Tata, un homme de contradictions et de simplicité. Un célibataire par choix, mais quelqu'un qui a nourri des générations entières. Un homme d'une immense richesse, mais qui vit modestement. Et un passionné de voitures avec un profond amour pour ses chiens et une passion pour le design. Au bout du compte, la vie personnelle de Tata est le reflet des mêmes valeurs qui ont guidé son parcours professionnel : **humilité, compassion**, et une **poursuite discrète de l'excellence**.

Récompenses et Distinctions : Reconnaître les Contributions Mondiales et Nationales de Ratan Tata

Au cours de sa carrière illustre, **Ratan Tata** a été reconnu par de nombreux prix et distinctions, tant en Inde qu'à l'international. Ses contributions à **l'entreprise, à la philanthropie et au leadership éthique** lui ont valu certains des plus hauts honneurs civils ainsi qu'une reconnaissance mondiale généralisée. Examinons de plus près certaines des distinctions les plus prestigieuses qui lui ont été décernées.

1. Les Plus Hauts Distinctions Civiles de l'Inde

L'influence de Ratan Tata sur l'**économie indienne** et ses efforts pionniers en matière de **responsabilité sociale des entreprises** lui ont valu une reconnaissance généralisée, notamment les **plus hauts honneurs civils** d'Inde. Ces prix mettent en lumière non seulement ses contributions aux affaires mais aussi son rôle dans **la construction de la nation** par le biais de la philanthropie, de l'innovation et du leadership éthique.

Padma Bhushan (2000) : Honneur à Son Leadership

En **2000**, Ratan Tata a reçu le **Padma Bhushan**, le **troisième plus haut prix civil d'Inde**, décerné par le **Gouvernement de l'Inde**. Cette reconnaissance est venue en tant qu'acknowledgment de ses immenses contributions au **commerce et à l'industrie**, en particulier son leadership dans la conduite du **Groupe Tata** à travers une période de croissance rapide. Sous la direction de Tata, l'entreprise a réalisé des acquisitions clés, s'est développée à l'international et a introduit des produits qui ont renforcé **la croissance industrielle de l'Inde**, tels que la **Tata Indica** et plus tard la **Tata Nano**. Le Padma Bhushan a cimenté le statut de Tata en tant que force motrice derrière **la transformation économique de l'Inde**.

Padma Vibhushan (2008) : Un Icône Nationale

Huit ans plus tard, en **2008**, Ratan Tata a reçu le **Padma Vibhushan**, le **deuxième plus haut honneur civil** en Inde. Ce prix a reconnu non seulement son leadership continu dans les affaires mais aussi ses contributions à **la construction de la nation** par le biais de sa **philanthropie**, de ses **initiatives éducatives** et de son engagement envers **l'innovation**. Le **Padma Vibhushan** a particulièrement honoré son **leadership éthique** en période difficile, notamment sa gestion calme et compatissante des **attentats de Mumbai en 2008** et la reconstruction de l'**Hôtel Taj Mahal Palace**.

L'engagement de Tata à utiliser **les affaires comme une force pour le bien**—à travers les **Tata Trusts** et d'autres initiatives philanthropiques— a encore renforcé son statut de **trésor national**. Son rôle en tant que **leader digne de confiance et compatissant** continue d'inspirer les futures générations d'entrepreneurs et de dirigeants d'entreprise indiens.

Ces distinctions reflètent **l'impact durable de Ratan Tata** non seulement sur l'économie mais sur **la société indienne dans son ensemble**, le marquant comme l'une des figures les plus **célébrées** de l'histoire moderne du pays.

2. Reconnaissance Mondiale et Distinctions Internationales

Les contributions de Ratan Tata se sont étendues bien au-delà des frontières de l'Inde, lui valant des distinctions mondiales pour son leadership, son innovation et sa philanthropie. Beaucoup de ces prix reconnaissent ses efforts pour favoriser **la présence mondiale de l'Inde** dans des secteurs allant de l'acier et de l'automobile à l'informatique et au conseil.

Commandeur Honoraire de l'Ordre de l'Empire Britannique (KBE) (2009) : Le gouvernement britannique a décerné à Tata ce titre en reconnaissance de ses **services aux relations entre le Royaume-Uni et l'Inde**. Son leadership dans la transformation de **Jaguar Land Rover (JLR)** après que Tata Motors ait acquis le constructeur britannique en

2008 a été considéré comme déterminant. Cet honneur a également reconnu ses contributions significatives à **l'industrie britannique** et son engagement envers des pratiques éthiques dans le commerce mondial.

Commandeur de la Légion d'Honneur (2016) : L'un des prix les plus prestigieux de France, la **Légion d'Honneur**, a été décernée à Tata pour ses contributions au renforcement de la **relation Inde-France**. Les activités commerciales de Tata en France, combinées à son engagement plus large à améliorer les liens bilatéraux, ont été des facteurs clés de cette reconnaissance.

Médaille Carnegie de la Philanthropie (2007) : Le rôle de Ratan Tata en tant que **philanthrope** a été tout aussi significatif que son leadership dans le monde des affaires. Il a reçu la **Médaille Carnegie de la Philanthropie**, l'un des prix mondiaux les plus prestigieux pour le travail caritatif, pour ses efforts en matière d' **éducation, de santé**, et de développement rural en Inde à travers les **Tata Trusts**.

Leader Commercial de l'Année en Asie (2004) : Présenté par CNBC, ce prix a reconnu l'impact de Tata sur le **paysage commercial asiatique**. Sous sa direction, le Groupe Tata s'est développé à l'international, réalisant des avancées significatives dans des secteurs tels que l'informatique, l'acier et l'automobile.

3. Contributions à l'Éducation et à l'Innovation

Ratan Tata a également reçu des diplômes honorifiques et des distinctions de certaines des meilleures institutions académiques au monde pour ses contributions à **l'innovation, la technologie et l'éducation**.

Doctorats Honoris Causa : Tata a reçu de nombreux doctorats honorifiques de prestigieuses universités à travers le monde, y compris l'**Université de Cambridge**, l'**Université d'État de l'Ohio**, et les **Instituts Indiens de Technologie (IIT)**. Ces distinctions reflètent son influence sur l'**éducation commerciale**, ses contributions innovantes à l'industrie, et ses efforts pour intégrer **la durabilité** dans la stratégie d'entreprise.

Prix d'Excellence de la Fondation Rockefeller (2012) : Reconnu pour son **impact mondial** sur la philanthropie et le développement, Tata a reçu le **Prix d'Excellence de la Fondation Rockefeller**. Son travail pour promouvoir **la croissance inclusive**, en particulier à travers les Tata Trusts, qui gèrent une partie significative de la richesse de Tata Sons à des fins caritatives, a été mis en avant comme un exemple de la manière dont les affaires peuvent être une force pour le bien social.

4. Icône des Affaires et de l'Innovation

Le style de leadership de Tata—ancré dans **l'intégrité, l'éthique et une approche centrée sur les personnes**—a fait de lui une icône dans la communauté mondiale des affaires. Au-delà de son rôle immédiat au sein du Tata Group, il a été reconnu pour son engagement en faveur de **pratiques commerciales responsables**, faisant de lui un modèle pour les leaders d'entreprise du monde entier.

Indien mondial de l'année (2013) : Ratan Tata a été récompensé par **le titre d'Indien mondial de l'année par NDTV**, célébrant son influence internationale en tant que leader d'entreprise et philanthrope qui a représenté l'Inde sur la scène mondiale avec dignité et intégrité.

Prix de réalisation de vie par Ernst & Young (2013) : Reconnaissant sa contribution exceptionnelle au monde des affaires et à la société, Tata a été honoré par ce prix pour son **leadership innovant**, en particulier durant l'expansion mondiale du Tata Group et son engagement envers des pratiques commerciales durables et éthiques.

5. Un héritage durable

Les récompenses et honneurs décernés à Ratan Tata soulignent sa profonde **influence sur les affaires et la société**. Son héritage ne se limite pas à la construction d'entreprises prospères, mais à la garantie que ces entreprises agissent comme des **véhicules de changement social**. Que ce soit à travers les Tata Trusts ou par son insistance sur la **responsabilité sociétale des entreprises**, Tata a redéfini ce que signifie être un leader d'entreprise au XXIe siècle.

Le parcours de Ratan Tata, d'un leader humble et discret à une **icône célébrée à l'international** est un témoignage du pouvoir durable de **l'humilité**, **de la vision** et de **la responsabilité sociale**. Ces récompenses ne sont pas seulement des distinctions—elles reconnaissent une vie vécue avec un but, cherchant toujours à améliorer la vie des autres tout en repoussant les limites de ce que l'entreprise peut réaliser pour la société.

Humilité dans le leadership : L'influence discrète de Ratan Tata à une époque de leaders d'entreprise flamboyants

À une époque où les leaders d'entreprise dominent souvent les gros titres avec des déclarations audacieuses et des démonstrations publiques de pouvoir, **Ratan Tata** se distingue par sa remarquable **humilité**. Ses traits personnels—**modestie, empathie et intégrité**—ont non seulement façonné son propre style de leadership, mais ont également influencé ses décisions pour le **Tata Group**, le plus grand conglomérat d'Inde. L'approche de Tata en matière de leadership était définie par **l'exemplarité**, évitant souvent le flamboyant typique des magnats d'entreprise au profit d'une philosophie **plus discrète, centrée sur les personnes**.

1. Diriger avec modestie

L'un des aspects les plus frappants du leadership de Ratan Tata est sa **profonde humilité**, qui a influencé sa vie personnelle et professionnelle. Malgré sa position à la tête de l'un des plus grands groupes d'affaires au monde, Tata a toujours maintenu une **présence discrète** dans les médias. Il n'est pas du genre à se vanter de ses accomplissements ou à s'adonner à des démonstrations publiques de richesse ou de pouvoir, ce qui contraste fortement avec les styles souvent tapageurs de nombreux PDG mondiaux. Sa **nature réservée envers les médias** n'est pas une stratégie de relations publiques délibérée—c'est simplement qui il est.

Sa **modestie** se reflète également dans ses **décisions**. Par exemple, lorsque Tata Motors développait la **Tata Nano**, il ne l'a pas vue comme une opportunité de générer des gros titres sur un exploit technologique grandiose mais plutôt comme un effort humble pour fournir un transport abordable à la famille indienne ordinaire. Il croyait que le véritable succès résidait dans l'**amélioration des vies**, et non dans le fait de se vautrer dans la gloire personnelle.

Cette humilité a eu un effet d'entraînement au sein du Tata Group, influençant sa culture globale. Les cadres et les employés comprennent que l'**ego** n'a pas sa place dans le leadership ; il s'agit plutôt de service, d'innovation et de création de valeur à long terme pour la société.

2. Empathie et respect des employés

L'humilité de Tata est étroitement liée à son **empathie sincère** pour les autres, en particulier pour ses employés. Même en tant que président du Tata Group, il était connu pour interagir régulièrement avec des employés à tous les niveaux—qu'il s'agisse de cadres supérieurs ou de personnel travaillant sur le terrain. Il a fait un effort conscient pour briser les hiérarchies qui peuvent souvent exister au sein de grandes entreprises, comprenant que chaque employé, quel que soit son rang, joue un rôle crucial dans le succès de l'entreprise.

Par exemple, après les **attentats terroristes de 2008** sur le **Taj Mahal Palace Hotel**, qui appartient au Tata Group, Tata a personnellement rendu visite aux familles des employés décédés, s'assurant qu'elles recevaient **des compensations**, **des soins de santé**, et **une éducation** pour leurs enfants. Son leadership durant cette période n'était pas seulement une leçon en **gestion de crise** mais aussi une démonstration de **leadership axé sur l'empathie**. Il comprenait qu'en période de tragédie, le rôle d'un leader n'est pas seulement de reconstruire des entreprises mais aussi d'aider à reconstruire des vies.

3. Prise de décision ancrée dans l'intégrité

L'humilité de Ratan Tata a toujours été liée à sa **forte boussole morale**. Il a constamment démontré que **l'intégrité** et **la prise de décision éthique** passent avant les profits ou le gain personnel. Ce trait est devenu particulièrement évident lors du lancement de la **Tata Nano**—tandis que d'autres auraient pu considérer le projet comme une opportunité de mettre en avant une supériorité technologique ou de générer de larges marges, Tata était plus concentré sur l'**impact social** de la création d'une voiture à faible coût pouvant améliorer la vie de millions de personnes.

Même lorsque les entreprises de Tata ont été confrontées à des situations difficiles, comme les **pertes des opérations européennes de Tata Steel** ou les difficultés financières de **Jaguar Land Rover** dans les premières années après l'acquisition, Tata a pris des décisions en gardant à l'esprit la **durabilité à long terme** plutôt que les profits à court terme. Cette éthique a imprégné l'ensemble du Tata Group, influençant son approche des défis dans divers secteurs.

En fait, les propres mots de Tata capturent ce sentiment le mieux : **"Je ne crois pas à la prise de bonnes décisions. Je prends des décisions et ensuite je les rends justes."** Cette déclaration reflète sa croyance humble en l'apprentissage continu, l'adaptation et la correction de cap lorsque c'est nécessaire. C'est une philosophie de leadership qui valorise **la résilience, la responsabilité et la croissance** plutôt que de projeter une image parfaite.

4. Diriger par l'exemple dans un monde d'entreprise tape-à-l'œil

À une époque où de nombreux leaders d'entreprise cultivent des personnalités publiques remplies de bravade et d'auto-promotion, la **nature réservée** et le **style de leadership discret** de Tata se démarquent nettement. Tandis que d'autres PDG pourraient rechercher les feux de la rampe, Tata s'est souvent tenu à l'écart des regards du public. Il évite les grandes annonces publiques et s'abstient des types de comportements flamboyants qui attirent souvent l'attention sur les figures d'affaires mondiales.

Au lieu de cela, Tata dirige par ses actions. Son humilité a fait de lui une **figure de confiance** tant au sein du Tata Group que dans la communauté d'affaires au sens large. Son engagement envers **la responsabilité sociale des entreprises** et un leadership éthique a fait de lui un modèle pour les futurs leaders d'entreprise cherchant à bâtir des entreprises fondées sur l'intégrité et le bien social, plutôt que de simplement courir après le profit ou l'approbation publique.

5. L'humilité comme atout de leadership

Tandis que certains pourraient confondre l'humilité avec la faiblesse dans le monde puissant des affaires, Ratan Tata a montré que c'est, en fait, l'un des **atouts de leadership les plus puissants**. Son **comportement désintéressé** lui permet de prendre des décisions qui sont les meilleures pour l'entreprise et ses parties prenantes, sans être obscurci par l'ego. Il est ouvert à écouter, apprendre et admettre quand il a tort—une qualité rare chez les leaders d'entreprise de son niveau.

Anecdotes personnelles : Le côté humain de Ratan Tata

Derrière les réalisations monumentales et les prix prestigieux, **Ratan Tata** a toujours été une figure d'**humilité** et de **charisme discret**. Sa vie est remplie de petits moments révélateurs qui offrent un aperçu de son caractère—des histoires qui montrent comment ses actions reflètent constamment son **leadership modeste, attentionné**, et **éthique**. Ces anecdotes ne concernent pas seulement des décisions commerciales, mais aussi la **compassion et l'humanité** qui le définissent en tant que personne.

1. Les chiens errants de Bombay House

L'une des anecdotes les plus connues sur la compassion de Tata est liée à son **amour des animaux**, en particulier des chiens errants. **Bombay House**, le siège mondial du Tata Group, a longtemps été un abri pour les chiens errants qui cherchaient refuge, surtout pendant la saison des pluies. Lorsque Ratan Tata a appris que les animaux errants étaient parfois rejetés, il n'a pas négligé le problème. Au lieu de cela, il a fait construire des **chenils** à l'intérieur de Bombay House, s'assurant que les chiens aient un endroit où rester. Le bâtiment a même une zone désignée pour nourrir les chiens et un gardien.

Ce geste de gentillesse est une petite mais significative illustration de la nature empathique de Tata, et cela reflète son amour de longue date pour **les animaux**—un trait que beaucoup admirent chez lui.

2. Visite des victimes des attentats de Mumbai en 2008

Après les **attentats terroristes de Mumbai en 2008**, qui ont tragiquement inclus le **Taj Mahal Palace Hotel**, Ratan Tata a fait preuve d'une immense empathie personnelle et d'un leadership. Il ne s'est pas contenté de s'assurer que l'hôtel soit reconstruit—il a pris la responsabilité personnelle du bien-être des victimes et de leurs familles. Tata a personnellement rendu visite aux familles des employés de l'hôtel qui avaient été tués ou blessés dans l'attaque, leur offrant réconfort et soutien financier.

Dans une histoire désormais célèbre, Tata a appris que les travailleurs temporaires de l'hôtel, qui avaient aidé pendant la saison touristique chargée, n'avaient pas droit aux avantages. Malgré leur statut temporaire, Tata a veillé à ce que ces travailleurs et leurs familles reçoivent des compensations et des soins de santé, les traitant avec le même soin que les employés permanents. Son **empathie et son sens profond du devoir** allaient au-delà des obligations légales et témoignaient de sa véritable compassion pour les gens, en particulier en période de crise.

3. Se tenir en ligne anonymement pour un billet d'avion

Cette anecdote, bien que paraissant insignifiante, capture magnifiquement la **modestie** de Tata. Un jour, Ratan Tata a été vu attendant tranquillement en ligne à l'**aéroport de Mumbai**, attendant d'acheter un billet d'avion comme n'importe quel autre passager. Il n'a fait aucun effort pour utiliser son statut ou son influence pour passer devant ou recevoir un traitement préférentiel. Lorsque quelqu'un l'a reconnu et a insisté pour qu'il passe devant, Tata a poliment refusé et a continué à attendre son tour.

C'est un exemple classique de la **simplicité** de Tata, malgré sa position de richesse et de pouvoir. Pour un homme qui pourrait facilement se déplacer en jet privé ou utiliser son influence pour éviter toute file d'attente, la modestie de Tata est à la fois **rafraîchissante et inspirante**.

4. Refus de cadeaux luxueux

Un autre moment révélateur s'est produit lorsqu'une célèbre marque de voitures de luxe a voulu offrir à Tata l'un de ses modèles haut de gamme. Alors que de nombreux leaders l'auraient accepté sans hésiter, Tata a refusé. Il ne voulait pas accepter de cadeaux pouvant être perçus comme une tentative de courtiser des faveurs. Sa position éthique a toujours été claire : **les éthiques commerciales et personnelles** ne doivent pas être compromises, peu importe la tentation.

5. Sa vie simple, malgré une immense richesse

Bien que Tata aurait pu choisir une vie d'opulence, il mène une **vie incroyablement simple** pour un homme de son statut. Il vit dans un appartement relativement modeste à **Colaba**, Mumbai, et évite les pièges du luxe que beaucoup de leaders d'entreprise adoptent. Sa **modestie et sa frugalité** s'étendent à ses habitudes personnelles—il ne cherche pas à attirer l'attention ou à s'adonner à des démonstrations flamboyantes de richesse. Pour Tata, il s'agit toujours de **substance plutôt que de style**, une réflexion de sa conviction que **le succès** doit être mesuré par combien de bien vous faites, et non par combien vous possédez.

Ces histoires personnelles révèlent un homme qui mène par l'exemple, incarnant les qualités de **humilité**, **empathie**, et **principes**. Le leadership de Ratan Tata a toujours été guidé par un sens du devoir envers les autres, que ce soit envers les personnes qu'il dirige, la communauté qu'il sert, ou même les chiens errants qu'il abrite. À une époque où les dirigeants aspirent souvent à la reconnaissance, la plus grande force de Tata réside dans sa **dignité silencieuse**, prouvant que parfois, l'influence la plus puissante provient de ceux qui ne cherchent pas du tout la lumière des projecteurs.

Chapitre Bonus : Perspectives au-delà des Titres – Facettes Moins Connues de la Vie et du Leadership de Ratan Tata

Projets Inachevés et Opportunités Manquées : Les Rêves Visionnaires de Ratan Tata Non Réalisés

Bien que **Ratan Tata** soit largement célébré pour ses réalisations remarquables et son leadership transformateur, certaines de ses **visions les plus grandioses** n'ont pas été pleinement réalisées. Que ce soit à cause du timing, des défis externes ou des priorités commerciales changeantes, il existe des projets que Tata a initiés ou envisagés qui n'ont jamais atteint leur plein potentiel. Cela inclut des domaines comme **l'énergie renouvelable**, **l'intelligence artificielle**, et **la santé**, où Tata voyait des opportunités pour l'avenir mais a été confronté à d'importants **obstacles** qui ont entravé leur pleine réalisation.

1. Énergie Renouvelable : Plans Ambitieux, Potentiel Non Réalisé

Ratan Tata a été un **précurseur** en matière d'énergie renouvelable et a vu son immense potentiel tant pour les affaires que pour la durabilité environnementale. Sous sa direction, **Tata Power** a fait des avancées significatives dans le secteur des énergies renouvelables, en se concentrant sur **l'énergie solaire et éolienne**. Au moment de sa retraite en 2012, Tata Power était déjà l'un des plus grands acteurs des énergies renouvelables en Inde, avec des projets remarquables comme **Tata Power Solar**.

Opportunité Manquée

Cependant, la **vision de Tata pour l'énergie renouvelable** allait au-delà des parcs solaires et éoliens : il envisageait **d'élargir le rôle de Tata à l'échelle mondiale** et de mener des innovations en matière de stockage d'énergie et de technologie verte. Mais quelques facteurs ont empêché cette vision de se concrétiser pleinement :

Défis Réglementaires : L'environnement réglementaire complexe de l'Inde, avec des politiques incohérentes concernant l'énergie renouvelable, posait souvent des obstacles. Le coût initial élevé des projets d'énergie renouvelable et les retards dans l'obtention des autorisations gouvernementales ont ralenti les plans d'expansion de Tata.

Concurrence Mondiale : Les concurrents internationaux, notamment en provenance de Chine, ont commencé à dominer le marché mondial de l'énergie renouvelable, rendant plus difficile pour Tata Power d'étendre ses opérations aussi rapidement que Ratan Tata l'espérait.

Malgré ces défis, Tata Power continue de croître dans le domaine des énergies renouvelables, mais l'échelle et la portée mondiale que Tata avait initialement envisagées restent des **affaires inachevées**.

2. Intelligence Artificielle (IA) : Saut Manqué vers le Futur

En tant que leader visionnaire, Tata a reconnu l'importance de **l'intelligence artificielle (IA)** et des technologies émergentes bien avant qu'elles ne deviennent des mots à la mode dans le monde de l'entreprise. Il a souvent parlé de la nécessité pour les entreprises indiennes d'**adopter l'IA** et d'autres technologies perturbatrices pour rester compétitives sur le marché mondial. **Tata Consultancy Services (TCS)** avait commencé à expérimenter des solutions d'IA, mais ces efforts n'ont pas été poursuivis aussi agressivement qu'ils auraient pu l'être.

Obstacles

Transition de Leadership : Au moment où l'IA a commencé à gagner en popularité à l'échelle mondiale, Ratan Tata avait déjà pris sa retraite des opérations quotidiennes. La transition de leadership chez Tata Sons, en particulier la turbulence qui a suivi le **renvoi de Cyrus Mistry**, a pu détourner l'attention du groupe des investissements agressifs dans l'IA.

Manque d'Investissement Ciblé: Bien que TCS et d'autres entreprises Tata aient touché à l'IA, elles manquaient du **coup de pouce concerté** observé chez d'autres entreprises technologiques mondiales. La vision de Ratan Tata pour un avenir dirigé par l'IA était ambitieuse, mais sans plaidoyer ou leadership fort après sa retraite consacré à ce domaine, le groupe Tata n'est pas devenu un leader en IA comme l'ont fait des entreprises telles que **Google** ou **IBM**.

3. Santé : Idées Audacieuses Freinées par des Complexités

L'intérêt de Tata pour le **secteur de la santé** était à la fois personnel et professionnel. En tant que responsable des **Tata Trusts**, il a dirigé d'importantes ressources vers **des initiatives de santé publique**, en particulier dans les zones rurales. Il envisageait **des solutions de santé abordables** pour des millions d'Indiens, en se concentrant sur l'amélioration des soins du cancer et d'autres services de santé critiques.

Tata voyait également un potentiel pour l'entrée du groupe dans **la technologie de la santé** et les **dispositifs médicaux abordables**, un domaine qui pourrait allier ses passions pour **l'innovation** et **la philanthropie**.

Défis

Complexités Financières et Réglementaires : L'entrée dans le secteur de la santé posait d'importants **risques financiers**. Contrairement à des entreprises Tata plus établies comme l'acier ou l'automobile, la santé nécessite d'énormes investissements en **R&D** et le surmontement de barrières réglementaires strictes. Le système de santé complexe en Inde, combiné à la concurrence mondiale, a rendu difficile la mise en œuvre complète de la vision de Tata.

Priorisation d'Autres Entreprises : La direction de Tata Sons, en particulier dans les années suivant la retraite de Tata, a priorisé d'autres secteurs tels que **l'informatique, l'automobile**, et **les biens de consommation** au détriment de la santé. Ce changement de priorité a entraîné un ralentissement de certains des plus grands projets de santé, malgré l'intérêt précoce de Tata.

4. La Tata Nano : Une Grande Idée Qui N'a Pas Abouti

La **Tata Nano**, souvent surnommée "la voiture du peuple", était l'un des projets les plus **ambitieux** de Ratan Tata. Son objectif était de créer la voiture la plus abordable au monde, rendant l'accès à la propriété automobile possible pour des millions de familles indiennes à faible revenu. Bien que la **vision était révolutionnaire**, la Nano n'a jamais vraiment répondu aux attentes.

Obstacles

Problèmes de Marque: Malgré la noble intention derrière la Nano, elle était perçue comme une "**voiture bon marché**" plutôt qu'une voiture abordable. Les consommateurs indiens de la classe moyenne, qui avaient des aspirations croissantes, ne voulaient pas être associés à un produit considéré comme "basique" ou "budget".

Préoccupations en matière de Sécurité: Il y avait des rapports de voitures Nano prenant feu dans les premières étapes, ce qui a conduit à des **inquiétudes concernant la sécurité**. Bien que Tata Motors ait résolu les problèmes, les dégâts à la réputation de la Nano étaient déjà faits.

Défis Marketing: La Nano a eu du mal à trouver le bon ajustement sur le marché. Malgré son faible prix, elle ne pouvait pas se positionner efficacement entre les deux-roues et les voitures d'entrée de gamme en Inde. Avec le recul, Tata lui-même a reconnu que l'échec de la Nano était l'un des **plus grands déceptions** de sa carrière.

Diplomatie Mondiale et Pouvoir Doux : Ratan Tata en tant qu'Ambassadeur Informel de l'Inde

Ratan Tata, avec sa **diplomatie discrète et son charisme subtil**, a joué un rôle important dans la formation de **la réputation mondiale de l'Inde**. Bien qu'il ne soit pas un diplomate officiel, le leadership de Tata dans la transformation du **Groupe Tata** en une puissance mondiale l'a positionné en tant qu'**ambassadeur informel de l'Inde**. Grâce à des relations commerciales internationales stratégiques, son leadership éthique et son influence dans divers secteurs, Ratan Tata a renforcé la position de l'Inde sur la scène mondiale, illustrant le **pouvoir doux** du pays dans les domaines des affaires et de la diplomatie.

1. Élargir l'Empreinte Mondiale de l'Inde

L'une des manières les plus visibles dont Tata a modelé la présence mondiale de l'Inde est à travers l'**expansion du Groupe Tata** sur les **marchés internationaux**. Sous sa direction, le groupe est passé d'une opération principalement indienne à un conglomérat multinational avec des opérations dans plus de **100 pays**. Parmi les **acquisitions clés** qui ont considérablement élevé le profil de l'Inde sur la scène mondiale figurent :

Tetley Tea (2000): L'acquisition de **Tetley Tea** par Tata Tea (maintenant **Tata Consumer Products**) a été une opération marquante. C'était la première grande acquisition internationale par une entreprise indienne, propulsant Tata sur la scène mondiale dans l'**industrie du thé** et montrant l'ambition croissante des entreprises indiennes et leur capacité à rivaliser à l'échelle mondiale.

Corus Steel (2007): L'acquisition de **Corus** par Tata Steel pour 12 milliards de dollars a été l'une des plus grandes opérations internationales d'une entreprise indienne à l'époque. Ce mouvement signalait la puissance croissante de l'Inde dans les secteurs industriel et manufacturier et a positionné Tata Steel en tant que leader mondial. L'acquisition a placé Ratan Tata à l'avant-garde de la **diplomatie commerciale internationale**, alors qu'il naviguait dans les complexités des fusions transfrontalières tout en maintenant les **normes éthiques de Tata**.

Jaguar Land Rover (2008): Lorsque Tata Motors a acquis les emblématiques marques britanniques **Jaguar Land Rover (JLR)** à Ford en 2008 pour 2,3 milliards de dollars, beaucoup étaient skeptiques qu'une entreprise indienne prenne le contrôle de deux fabricants de voitures de luxe. Cependant, le leadership de Ratan Tata a redressé JLR, remportant un respect et une admiration mondiaux. Cette acquisition a renforcé la position de Tata en tant que **leader commercial mondial** et a aidé à renforcer la relation économique entre l'Inde et le Royaume-Uni, mettant en lumière **l'influence croissante de l'Inde** sur les marchés mondiaux.

2. Leadership Éthique et Influence Commerciale Mondiale

Ratan Tata est largement reconnu non seulement pour son sens des affaires, mais aussi pour son **approche éthique** du leadership. Son accent sur **l'intégrité, l'équité et la vision à long terme** lui a valu un immense respect sur les marchés internationaux, contribuant à **le pouvoir doux de l'Inde**. La **réputation de Tata en matière d'éthique d'entreprise** a aidé à redéfinir l'image des entreprises indiennes, en particulier à une époque où l'Inde émergeait en tant qu'acteur économique mondial.

Titres Honorifiques et Récompenses: L'influence de Tata sur les relations internationales a été reconnue par divers honoraires mondiaux. En 2009, il a été nommé **Chevalier Commandeur Honorifique de l'Ordre de l'Empire Britannique (KBE)** pour ses services aux relations Royaume-Uni-Inde, notamment après l'acquisition réussie de JLR. Ses efforts de **philanthropie mondiale** ont été reconnus par diverses organisations, élevant encore plus son image et celle de l'Inde à l'étranger.

Diplomatie Mondiale à travers la RSE: Grâce aux **Tata Trusts** et à l'engagement du Groupe Tata envers la **responsabilité sociale des entreprises (RSE)**, Ratan Tata a promu un modèle commercial qui met l'accent sur **le bien social** en parallèle des bénéfices. Cet accent sur la responsabilité éthique et la philanthropie a résonné auprès des entreprises et des gouvernements du monde entier, renforçant la réputation de l'Inde en tant que nation qui valorise la **gouvernance d'entreprise** et le **développement humain**.

3. Créer des Liens avec les Leaders Mondiaux

La **diplomatie discrète** de Ratan Tata s'est étendue au-delà des affaires. Ses relations personnelles avec des leaders mondiaux et son implication dans des forums internationaux ont aidé à positionner l'Inde comme un acteur clé de la diplomatie mondiale. Tata a souvent été consulté par les gouvernements indiens et internationaux pour ses idées sur les tendances commerciales mondiales, le commerce et le **développement économique**.

Relations Inde-Etats-Unis: Tata a joué un rôle clé dans le renforcement des **relations économiques Inde-Etats-Unis**. Ses relations avec des dirigeants d'entreprises américaines et des politiciens ont aidé à favoriser une plus grande collaboration entre les deux pays. Tata Consultancy Services (TCS), l'une des principales entreprises de services informatiques d'Inde, a joué un rôle significatif dans la construction de **l'image de l'Inde en tant que pôle technologique** aux États-Unis, et les investissements de Tata aux États-Unis ont renforcé cette connexion.

Forums Diplomatiques et Commerciaux: Ratan Tata a régulièrement représenté l'Inde lors de grands **forums d'affaires internationaux** tels que le **Forum Économique Mondial (FEM)** à Davos. Sa participation à ces forums a permis d'apporter la perspective de l'Inde et de mettre en lumière le potentiel économique du pays sur le **marché mondial**.

4. La Marque Tata comme Pouvoir Doux de l'Inde

La **marque Tata** elle-même est devenue un symbole du **pouvoir doux** de l'Inde sous le leadership de Ratan Tata. Les valeurs de l'entreprise, telles que **la confiance, le commerce éthique et la durabilité**, sont perçues comme un reflet de la culture commerciale indienne, aidant à élever l'image de l'Inde sur la scène mondiale. Les entreprises Tata ont priorisé la création d'emplois, l'amélioration des infrastructures, et **le retour vers les communautés locales** où qu'elles opèrent, du Royaume-Uni à l'Afrique en passant par l'Asie du Sud-Est.

Grâce à la **marque Tata**, Ratan Tata a aidé à montrer au monde que les entreprises indiennes pouvaient prospérer à l'échelle mondiale tout en restant **socialement responsables** et **éthiquement ancrées**. Cette combinaison d'influence économique et de leadership moral a placé Tata en tant que figure de proue dans **l'arsenal diplomatique de l'Inde**, renforçant la position du pays sur la scène mondiale sans aucun rôle gouvernemental officiel.

Mentorat et Formation des Futurs Leaders : L'Architecte Silencieux du Succès

Bien que **Ratan Tata** soit connu pour ses réalisations commerciales mondiales et ses efforts philanthropiques, l'un de ses héritages moins connus mais tout aussi significatifs est son rôle de **mentor** pour la prochaine génération de leaders d'entreprise. Son influence va au-delà des décisions d'entreprise ; elle repose sur **un accompagnement discret**, des relations personnelles et la promotion du leadership tant au sein du **Groupe Tata** qu'au-delà. Ce mentorat a laissé un **impact durable** non seulement sur les individus qu'il a guidés, mais aussi sur le paysage commercial plus large en Inde et dans le monde.

1. Favoriser le Talent au sein du Groupe Tata : L'Exemplarité

Une des plus grandes forces de Tata est sa capacité à **détecter et nourrir le talent** au sein de l'organisation. Il a mis l'accent sur la création d'une **culture de mentorat** au sein du **Groupe Tata**, veillant à ce que la prochaine génération de leaders puisse maintenir les mêmes valeurs d'**intégrité, d'humilité et de vision à long terme** qui ont défini son leadership.

Natarajan Chandrasekaran: Un exemple marquant est **N. Chandrasekaran**, l'actuel président de **Tata Sons**. Connu pour avoir transformé **Tata Consultancy Services (TCS)** en une puissance mondiale de l'informatique, Chandrasekaran a été personnellement mentoré par Ratan Tata pendant ses années de leadership chez TCS. Le mentorat de Tata s'est étendu au-delà des stratégies commerciales—il a guidé Chandrasekaran sur l'importance du **leadership éthique** et de la **durabilité à long terme**, des leçons que Chandrasekaran a intégrées dans son rôle à la tête du Groupe Tata.

Cyrus Mistry: Bien que la relation entre Tata et **Cyrus Mistry** se soit terminée sur une note controversée, Tata a joué un rôle clé dans **la formation de Mistry** pour le leadership. Lorsque Mistry a été nommé président de Tata Sons en 2012, il était considéré comme l'héritier de l'héritage de Tata. Bien que leurs styles de leadership aient fini par entrer en conflit, le mentorat de Tata dans les premières années a aidé Mistry à acquérir une compréhension approfondie des **principes du Groupe Tata** et de ses responsabilités sociales plus larges.

2. Autonomiser les Leaders en Dehors de l'Empire Tata

L'influence de Ratan Tata ne s'est pas limitée aux frontières du Groupe Tata. Son mentorat discret mais percutant s'est étendu aux **startups indiennes** et aux **entrepreneurs**, dont beaucoup attribuent à Tata le mérite de les avoir aidés à naviguer dans le monde souvent turbulent des affaires.

Ola: Tata a personnellement investi dans **Ola**, l'une des plus grandes plateformes de covoiturage en Inde, et a mentoré son co-fondateur, **Bhavish Aggarwal**. Il n'était pas seulement un investisseur ; Tata a offert **des conseils sur la gestion de la croissance** tout en restant fidèle aux valeurs fondamentales. Aggarwal a souvent parlé de la manière dont les conseils de Tata sur **l'équilibre entre une expansion rapide et la satisfaction des clients** ont joué un rôle crucial dans l'approche commerciale d'Ola.

Paytm: Tata a également joué un rôle discret dans le mentorat de **Vijay Shekhar Sharma**, le fondateur de **Paytm**, l'une des plus grandes entreprises fintech en Inde. Sharma attribue à Tata le mérite de lui avoir enseigné l'importance de **l'éthique des affaires** et de la pensée à long terme, des valeurs qui ont été centrales à la croissance de Paytm dans un secteur hautement concurrentiel. L'implication de Tata a donné à l'entreprise un coup de pouce en crédibilité, et ses **conseils réfléchis** ont aidé à orienter Sharma à travers les défis, notamment en matière de complexités réglementaires et financières.

3. Un Accent sur le Leadership Éthique

Le mentorat de Tata ne se limitait pas à des **stratégies commerciales**—il était profondément ancré dans **l'éthique** et **l'intégrité.** Que ce soit en mentorant des leaders au sein de Tata ou à l'extérieur, son message constant portait sur l'importance de diriger avec **humilité** et **compassion**. Il a appris aux futurs leaders à regarder au-delà des profits et à considérer leurs **responsabilités sociales.**

Anand Mahindra, président du **Mahindra Group**, a exprimé publiquement son admiration pour le leadership éthique de Tata. Tata a été un modèle pour Mahindra, influençant sa propre approche du leadership, notamment en ce qui concerne la **responsabilité sociale des entreprises.** La capacité de Tata à diriger sans chercher à être sous les feux de la rampe, en se concentrant sur **faire le bien tout en réussissant**, est devenue un modèle pour le propre parcours de Mahindra.

Jeunes Entrepreneurs: Au cours des dernières années, Tata a discrètement mentoré des **startups** et des **entreprises sociales** à travers ses investissements personnels et ses conseils. Bien qu'il ne soit pas toujours sous les projecteurs, Tata offre **soutien personnel** et conseils aux entrepreneurs qui cherchent à avoir un **impact social** à travers leurs affaires. Son rôle est plus proche de celui d'un **sage**, fournissant sagesse et perspectives à long terme sans dicter les décisions.

4. Façonner un Héritage à Travers les Générations Futures

Au-delà des individus spécifiques, l'impact plus large de Tata sur le leadership en Inde peut être observé à travers la manière dont son **style de mentorat** a influencé la **culture d'entreprise** en Inde. Sa croyance en **un leadership compatissant**, en **la prise de décisions éthiques**, et en **la responsabilité sociale** a été transmise à travers des générations de leaders qui cherchent à imiter son approche. Que ce soit par son influence discrète sur l'écosystème des startups en Inde ou son leadership visible au sein du Groupe Tata, Ratan Tata a créé une culture où les leaders sont censés servir avec **dignité, humilité,** et un engagement envers **le bien commun.**

Philosophie Personnelle sur l'Innovation et la Prise de Risques : L'Approche de Ratan Tata

Ratan Tata est souvent célébré pour ses **décisions audacieuses** et sa **prise de risques calculée** en matière d'innovation et d'investissements. Son approche des affaires a toujours été guidée par une vision de **dépasser les limites**, que ce soit à travers des acquisitions mondiales comme **Jaguar Land Rover** ou la création d'une voiture à bas prix, le **Tata Nano.** Bien que certaines entreprises aient prospéré et soient devenues des études de cas en matière d'innovation réussie, d'autres, comme le Nano, ont échoué en raison des **dynamiques du marché** et des **erreurs de branding.** Cependant, la philosophie globale de Tata sur l'innovation et la prise de risques demeure un schéma fascinant pour comprendre son **processus de prise de décision.**

1. L'Équilibre entre Innovation et Impact Social

L'approche de Ratan Tata en matière d'innovation a toujours été profondément liée à **l'impact social.** Il croit que l'innovation ne devrait pas seulement conduire au succès commercial, mais aussi servir un **but plus grand.** Cette philosophie est évidente dans plusieurs décisions de Tata, notamment avec le développement du **Tata Nano.**

Le Tata Nano: Tata a imaginé le Nano comme une **innovation révolutionnaire**—une voiture qui rendrait la possession accessible à des millions de familles indiennes qui dépendaient auparavant de scooters ou de motos. Son désir de créer une **"voiture pour le peuple"** était motivé par sa croyance en **une croissance inclusive**, où l'innovation pourrait élever la qualité de vie d'une grande section de la population.

Malgré ses nobles intentions, le projet Nano n'a pas atteint les sommets espérés par Tata. L'incapacité de la voiture à séduire la **classe moyenne aspirante** en Inde a été l'un de ses principaux manquements. Bien qu'elle ait été conçue pour être abordable, elle a involontairement été étiquetée comme une **"voiture bon marché,"** ce qui a nui à son attrait. Le **positionnement sur le marché** ne s'alignait pas avec un segment en ascension qui ne souhaitait pas être associé à un produit perçu comme basique ou de faible statut.

Leçon sur la Prise de Risques: Le Nano est un exemple parfait de la manière dont Tata a embrassé **le risque dans l'innovation** avec une vision à long terme, mais son échec met également en lumière comment **la perception du marché** et **le branding** peuvent déterminer le succès. Tata a souvent parlé du Nano comme l'une de ses plus grandes déceptions, mais cela souligne sa **disposition à prendre des risques audacieux** pour des causes auxquelles il croyait, même si les résultats ne correspondaient pas toujours aux attentes.

2. Acquisitions Mondiales : Risque Stratégique et Pensée à Long Terme

Un autre aspect clé de la philosophie de Tata sur l'innovation et la prise de risques est sa **vision à long terme**. Il a toujours été plus intéressé par **la croissance durable** que par les gains à court terme, ce qui se reflète dans certains des mouvements les plus audacieux du Groupe Tata sur la scène mondiale.

Jaguar Land Rover (2008): L'une des entreprises les plus réussies de Ratan Tata a été l'acquisition de **Jaguar Land Rover (JLR)**. À l'époque, de nombreux experts de l'industrie étaient skeptiques quant à la prise de contrôle de deux marques britanniques emblématiques par une entreprise indienne, toutes deux **en difficulté financière**. Cependant, Tata croyait en la **valeur intrinsèque** de JLR et était prêt à investir dans sa **rénovation**.

La décision de Tata de **conserver la direction existante** de JLR et de permettre aux marques de maintenir leur identité, tout en injectant des capitaux et en leur offrant une liberté opérationnelle, s'est avérée être un **coup de maître**. En quelques années, JLR est redevenue rentable, devenant l'un des actifs les plus précieux de Tata Motors. Ce succès a démontré la croyance de Tata dans la prise de **risques calculés** avec une **approche à long terme**, en faisant confiance au fait que **un bon leadership** et un investissement pouvaient redresser des entreprises en difficulté.

Corus Steel (2007): De même, l'acquisition de **Corus Steel**, un géant européen de l'acier, a été un autre mouvement ambitieux qui a reflété les **ambitions mondiales** de Tata. Cependant, contrairement à JLR, l'accord Corus a été confronté à des défis significatifs en raison de la récession mondiale dans l'industrie de l'acier. Malgré ces revers, Tata n'a pas regretté l'acquisition. Il a vu **de la valeur dans la vision à long terme**, même si le secteur de l'acier était confronté à des difficultés, car cela a élargi l'**empreinte mondiale de Tata Steel**.

Les résultats contrastés de JLR et Corus illustrent la **disposition de Tata à embrasser le risque** et à **naviguer dans les défis**. Ses décisions n'étaient jamais uniquement axées sur le profit immédiat ; elles étaient souvent **orientées vers l'avenir**, axées sur l'**établissement de Tata comme un leader mondial** dans des industries clés.

3. L'Élément Humain dans la Prise de Décision

Une autre caractéristique distincte de la philosophie de Tata en matière d'innovation et de prise de risques est sa profonde **empathie pour les gens**. Que ce soit pour les employés, les consommateurs ou la société en général, Tata a toujours pris en compte l'**élément humain** dans ses décisions, ce qui a influencé sa manière d'évaluer le **risque**.

Leadership avec Compassion: Lorsque Tata Motors a acquis JLR, Ratan Tata a clairement fait savoir que **aucun emploi ne serait perdu** à la suite de la prise de contrôle. Cette décision reflétait sa croyance selon laquelle les entreprises doivent agir de manière responsable envers leurs employés, même en période de changement. Ce **leadership compatissant** a aidé Tata à construire **la confiance** sur les marchés mondiaux et au sein de sa main-d'œuvre.

Leadership Éthique et Innovation: Tata a toujours soutenu que **l'innovation doit être éthique.** Ses décisions d'investissement étaient souvent ancrées dans le désir de **faire progresser la société**, que ce soit par des produits comme le Tata Nano ou à travers ses investissements dans **l'énergie durable** et **la santé.** Son approche éthique de la prise de risques a veillé à ce que l'innovation ne soit pas seulement synonyme de **succès financier**, mais aussi de **laisser un impact positif.**

4. Apprendre des Échecs et Adaptabilité

Une des caractéristiques les plus marquantes de la philosophie de Tata est son **ouverture à l'échec** et sa capacité à **s'adapter.** Il n'a jamais reculé devant **des décisions à enjeux élevés**, mais lorsque les choses ne se sont pas déroulées comme prévu, il a considéré ces moments comme des **expériences d'apprentissage.**

L'Héritage du Tata Nano: Bien que le Nano n'ait pas réussi commercialement, il a suscité une conversation sur **le transport abordable.** Tata a reconnu les défis, notamment autour de **la perception des consommateurs** et des **erreurs de marketing**, et a utilisé cette expérience pour ajuster ses projets futurs. Cette capacité à **réfléchir sur les échecs** et à **s'adapter** a été centrale à son approche.

Défis avec l'Héritage Familial : Ratan Tata et les Complexités de la Maintien d'une Dynastie

Gérer un conglomérat mondial comme le Groupe Tata s'accompagne de pressions énormes, mais le faire dans le cadre d'un héritage familial ajoute des couches de complexité. Pour Ratan Tata, porter la vision de Jamsetji Tata—le fondateur de l'empire

Tata—signifiait équilibrer les objectifs commerciaux de l'entreprise avec les valeurs qui ont été intégrales au nom Tata pendant des générations. Cependant, le poids de cet héritage a également apporté des défis internes, comme le montre l' épisode Cyrus Mistry, ainsi que des pressions pour préserver l'unité familiale et maintenir les normes élevées qui définissent le nom Tata.

1. Préserver l'Héritage Familial : Une Responsabilité Lourdement Pesante

Lorsque Ratan Tata a pris la présidence en 1991, il a hérité non seulement d'un immense empire commercial mais aussi de l'énorme responsabilité de maintenir les normes éthiques du Groupe Tata, ses initiatives axées sur la communauté, et sa réputation mondiale. Le Groupe Tata avait, depuis sa création, été guidé par un fort ethos d'intégrité, de responsabilité sociale, et de construction nationale. Jamsetji Tata avait posé les bases, et J.R.D. Tata avait poursuivi ce chemin. Pour Ratan Tata, le défi n'était pas seulement de faire croître l'entreprise, mais aussi de s'assurer que ces valeurs fondamentales soient préservées et transmises.

2. Conflit Interne : Le Conflit Cyrus Mistry

Un des chapitres les plus publics et difficiles du leadership de Tata est survenu bien après sa retraite, lorsque Cyrus Mistry—qui a succédé à Tata en tant que président en 2012—a été brusquement évincé de son poste en 2016. Cet événement a déclenché une bataille juridique publique et amère, révélant des fissures au sein du leadership du Groupe Tata et des structures de gouvernance internes.

Nommer et Évincer Mistry

La nomination de Mistry en tant que président avait été initialement soutenue par Ratan Tata, marquant la première fois en 150 ans qu'un membre extérieur à la famille Tata avait été choisi pour diriger Tata Sons, la société holding du groupe. Cependant, la relation s'est détériorée, et en octobre 2016, le conseil d'administration de Tata Sons a évincé Mistry de son poste.

Cette décision soudaine a déclenché un retour de flamme très public, Mistry alléguant que son éviction était injustifiée et que l'équipe de direction de Tata s'était engagée dans une gouvernance oppressive. L'équipe juridique de Mistry a soutenu que son éviction avait été brutale et que l'ingérence de Tata dans les décisions du conseil avait été excessive. La bataille juridique s'est étendue au Tribunal National des Sociétés (NCLT), soulevant des questions sur la structure de gouvernance chez Tata Sons, où les Trusts Tata—que Ratan Tata dirigeait encore—jouaient un rôle clé.

Conflit entre Tradition et Modernisation

Au cœur du conflit se trouvait un choc de visions. Mistry avait commencé à moderniser certaines parties de l'empire Tata, restructurant des entreprises et réduisant les pertes dans certaines sociétés peu performantes comme Tata Steel Europe. Son style, cependant, était perçu par certains membres de la famille Tata et de la direction comme trop agressif et pas entièrement aligné avec l'éthique Tata de croissance responsable à long terme.

Pour Ratan Tata, qui avait passé des décennies à bâtir une réputation mondiale pour ses pratiques commerciales éthiques, l'approche de Mistry pouvait sembler en désaccord avec l'héritage d'un leadership axé sur la communauté qui avait été soigneusement cultivé au fil des générations. Cependant, l'éviction de Mistry a également suscité des critiques, certains soutenant que cette décision démontrait comment l'héritage familial pouvait parfois entrer en tension avec le besoin d'une gouvernance d'entreprise moderne.

3. Maintenir l'Unité Familiale au Milieu des Décisions Commerciales

Comme dans toute entreprise familiale de longue date, les tensions internes au sein du Groupe Tata ne concernent pas seulement les performances commerciales mais aussi la loyauté familiale et la préservation des valeurs partagées. Alors que Ratan Tata a dirigé le groupe avec succès pendant plus de deux décennies, maintenir l'alignement des divers parties prenantes de la famille Tata, des Trusts Tata, et de la direction de l'entreprise était une tâche délicate.

Leadership Non-Familial

Une des pressions exercées sur Ratan Tata pendant son mandat était la question de la succession, notamment après qu'il soit devenu clair qu'aucun héritier direct de la famille Tata ne prendrait le relais. Cette décision de regarder au-delà de la lignée familiale—en nommant Cyrus Mistry—était elle-même une rupture significative avec la tradition et un reflet de la reconnaissance par Tata qu'une entreprise de l'envergure de Tata avait besoin d'une gouvernance moderne et professionnelle.

Cependant, le retour de flamme avec Mistry a montré à quel point il pouvait être difficile d'équilibrer les attentes familiales avec les exigences de la gestion d'un conglomérat mondial. Le conflit a également mis en lumière des problèmes de gouvernance sous-jacents au sein de Tata Sons, en particulier autour du rôle des Trusts Tata et de leur influence sur les décisions de leadership.

4. Naviguer dans le Regard Public

Étant donné le rôle de Tata en tant que l'icône corporative la plus fiable de l'Inde, la nature publique du conflit Mistry et des batailles internes au sein du conseil était particulièrement difficile. Les conséquences n'étaient pas seulement une affaire interne—elles avaient des répercussions significatives pour l'image publique du Groupe Tata. Le nom Tata, qui avait été synonyme de leadership éthique, était soudainement impliqué dans des disputes au sein du conseil et des spéculations médiatiques sur des luttes de pouvoir au sein de la famille et du conseil.

Ratan Tata avait longtemps maintenu une réputation de leadership discret et de modestie, mais l'affaire Mistry l'a forcé à se retrouver sous les projecteurs, défendant les décisions du groupe et sa structure de gouvernance. Il est intervenu en tant que président par intérim durant cette période tumultueuse, guidant l'entreprise à travers les retombées et restaurant la confiance, mais le conflit a laissé une marque indélébile sur les dynamique internes du groupe.

5. Le Défi Permanent : Équilibrer Tradition et Innovation

Peut-être le plus grand défi pour Ratan Tata dans la gestion de l'héritage familial était de trouver un équilibre entre préserver la tradition et embrasser l'innovation. Il a été responsable de certaines des expansions les plus avant-gardistes du Groupe Tata—particulièrement sur le marché mondial—mais cela a toujours été fait avec un profond respect pour les valeurs familiales.

Tata parlait souvent de la nécessité de protéger l'éthique Tata, mais il était aussi un fervent défenseur de la modernisation, que ce soit sous la forme d'acquisitions comme JLR ou à travers des projets socialement orientés comme le Tata Nano. La tension entre ces deux priorités—héritage et progrès—est celle qui continue de définir le Groupe Tata.

Ventures Internationales Qui N'ont Pas Fait les Titres : L'Expansion Silencieuse de Tata à l'Échelle Mondiale

Bien que certaines des **acquisitions internationales du Groupe Tata**, comme **Jaguar Land Rover (JLR)** et **Tetley Tea**, aient fait les gros titres, beaucoup des autres initiatives internationales de l'entreprise sont restées sous le radar. Ces **petites acquisitions** et **partenariats** ont été essentiels pour élargir l'**empreinte mondiale de Tata** et diversifier son portefeuille. Jetons un œil à certaines des **ventures internationales moins connues** qui, bien qu'elles ne soient pas sous les projecteurs, ont été essentielles à la stratégie de croissance de Tata.

1. Tata Communications et Câbles Sous-Marins

L'un des projets les plus stratégiquement importants mais moins connus était le **réseau de câbles sous-marins mondial de Tata**, géré par **Tata Communications** (anciennement VSNL, Videsh Sanchar Nigam Limited). Cette initiative n'a pas fait beaucoup de bruit, mais elle était critique pour l'expansion de l'**infrastructure internet mondiale** et pour améliorer **la connectivité numérique de l'Inde** sur la scène internationale.

L'Investissement: En 2005, Tata Communications a réalisé un investissement significatif dans **Teleglobe**, une entreprise canadienne qui possédait un vaste réseau de câbles sous-marins, ce qui a permis à Tata Communications de contrôler des portions substantielles des **systèmes de câbles sous-marins du monde**. Cette acquisition, bien que moins flamboyante que d'autres, a positionné Tata Communications comme un acteur clé sur le marché mondial du trafic internet.

Impact Global: Aujourd'hui, Tata Communications gère l'un des plus grands **cœurs internet mondiaux**, reliant pays et entreprises à travers les continents. Cette entreprise discrète a été instrumentale dans la mise en place de l'**infrastructure pour le secteur informatique en plein essor de l'Inde**, permettant à Tata de jouer un rôle crucial dans l'essor des communications numériques mondiales.

2. **Thé Sud-Africain : Joekels** Thé Packers

Alors que l'acquisition de **Tetley Tea** par Tata a été largement couverte, son entrée plus discrète sur le marché du **thé sud-africain** est moins connue. En 2006, Tata Tea (maintenant **Tata Consumer Products**) a acquis une participation majoritaire dans **Joekels** Thé Packers, une entreprise de thé sud-africaine de premier plan.

Pourquoi C'était Important: Bien qu'il ne s'agisse pas d'un accord international majeur, cette acquisition était stratégique, car elle a permis à Tata d'obtenir une position sur le marché africain—une région présentant une demande croissante de thé. **Joekels** Thé Packers est connue pour produire certaines des marques de thé populaires d'Afrique du Sud, comme **Phendula** Tips et **Tea Time**. Grâce à cette entreprise, Tata a renforcé sa présence en **Afrique Australe**, un marché relativement inexploité à l'époque.

Stratégie Globale de Thé: La capacité de Tata à mélanger des acquisitions locales avec sa stratégie globale plus large illustre son plan d'expansion soigneux. Alors que le monde était concentré sur **Tetley**, cette petite opération a discrètement renforcé l'influence de Tata sur les **marchés africains**.

3. Expansion de Tata Steel en Asie du Sud-Est

L'acquisition de **Corus Steel** par Tata Steel était un accord mondial très médiatisé, mais ses mouvements plus petits et moins connus en **Asie du Sud-Est** ont également été essentiels pour élargir sa présence internationale.

NatSteel (2004): Une de ces acquisitions a été **NatSteel**, une entreprise de acier basée à Singapour que Tata Steel a achetée en 2004. Cette acquisition n'a pas fait les gros titres, mais elle a permis à Tata Steel d'obtenir un point d'ancrage crucial en Asie du Sud-Est, y compris des opérations en **Chine, Thaïlande, Vietnam**, et aux **Philippines**. L'accord a également aidé Tata Steel à établir une présence plus forte en **Asie-Pacifique**, une région clé pour la production et la demande en acier.

Millennium Steel (2005): Suite à l'acquisition de NatSteel, Tata Steel s'est encore plus étendue en Asie du Sud-Est en acquérant une participation majoritaire dans **Millennium Steel** (renommée **Tata Steel Thailand**) en 2005. Cela a donné à Tata une présence directe dans l'industrie de l'acier thaïlandaise et a renforcé son **domination régionale** en **Asie**.

Importance Stratégique: Bien que ces acquisitions n'aient peut-être pas attiré l'attention des acquisitions occidentales de Tata, elles ont été pivotales dans l'**expansion de l'Asie-Pacifique** de l'entreprise. Les petits accords en Asie du Sud-Est ont positionné Tata Steel comme un **acteur clé sur les marchés émergents**, avec un accès à une production à faible coût et une demande régionale croissante.

4. TCS (Tata Consultancy Services) et Amérique Latine

Une autre initiative moins connue mais significative a été l'**expansion discrète de TCS** en **Amérique Latine**. Bien que TCS soit un géant mondial établi dans le domaine de l'informatique, ses premières initiatives en Amérique Latine n'ont pas fait les mêmes gros titres que sa croissance en **Amérique du Nord** ou en **Europe**.

Établir une Présence en Amérique Latine: TCS est entrée en Amérique Latine en **2002**, en commençant par un centre de livraison en **Uruguay**. Depuis, elle a élargi ses opérations au **Brésil, au Mexique, au Chili**, et en **Argentine**, offrant des services informatiques, des conseils et des solutions à des clients de divers secteurs.

Importance Stratégique: Alors que le monde se concentrait sur la croissance de TCS sur les marchés développés, son expansion vers des **marchés émergents** comme l'Amérique Latine était vitale pour créer un véritable réseau mondial de services. L'Amérique Latine a fourni à TCS un accès à des **pools de talents diversifiés** et a aidé l'entreprise à mieux servir ses clients mondiaux ayant des opérations dans la région.

Succès Discret: Aujourd'hui, TCS est un leader en **services informatiques** en Amérique Latine, servant de grands clients et employant des milliers de personnes dans la région. Cette initiative n'a peut-être pas reçu autant d'attention que la domination de TCS en Amérique du Nord ou en Europe, mais elle a été cruciale pour son succès dans le **Sud global**.

5. Le Mouvement Silencieux de Tata Global Beverages en Europe de l'Est

Une des expansions plus discrètes est venue de **Tata Global Beverages (TGB)**, l'entreprise derrière des marques comme **Tetley**. En 2012, Tata a fait un mouvement discret en **Europe de l'Est** en acquérant une participation dans une entreprise de thé russe, **Grand Tea & Coffee**.

Mouvement Stratégique: Cette initiative a donné à Tata un accès au marché du thé en forte croissance en **Russie** et dans la **région des CEI (Communauté des États Indépendants)**. Bien qu'il ne s'agisse pas d'une acquisition qui attire les gros titres, c'était une étape critique vers l'expansion de l'influence de Tata sur les marchés **d'Europe de l'Est** et **d'Asie Centrale**.

Expansion sous-estimée: L'Europe de l'Est ne semble peut-être pas être la cible la plus évidente pour une entreprise de thé, mais la stratégie de Tata était de tirer parti de la consommation croissante de la classe moyenne dans des régions traditionnellement négligées par les marques mondiales. C'est un autre exemple de l'accent mis par Tata sur **la croissance à long terme** dans des **marchés sous-exploités**.

Le Fardeau Émotionnel du Leadership : Les Lutte de Ratan Tata avec la Solitude et la Responsabilité

Derrière la personnalité publique calme et posée de Ratan Tata se cache un profond réservoir de lutte avec le leadership, une responsabilité presque solitaire qui accompagne la direction de l'un des conglomérats les plus influents au monde. Son parcours en tant que chef du Tata Group a été marqué non seulement par des triomphes d'entreprise mais aussi par le fardeau émotionnel de porter une immense responsabilité, de maintenir un héritage familial et de naviguer dans les complexités du leadership dans un environnement à haute pression.

1. Le Poids de la Responsabilité

Diriger le Tata Group, surtout sous l'ombre d'icônes comme J.R.D. Tata, signifiait que Ratan Tata portait un fardeau d'attentes considérable. Lorsqu'il a pris les rênes en 1991, il y avait du scepticisme tant à l'intérieur qu'à l'extérieur de la famille Tata. Il s'attaquait à un rôle où chacune de ses décisions serait scrutée, non seulement pour son impact commercial mais aussi pour la manière dont elle respectait l'Tata legacy—un héritage construit sur l'intégrité, la responsabilité sociale et la construction nationale.

Cette pression était intensifiée par l'investissement personnel profond de Tata dans les valeurs qui avaient défini le groupe pendant plus d'un siècle. Il n'était pas simplement un PDG ; il se voyait comme un gardien d'un héritage qui impactait des millions de personnes, pas seulement des actionnaires mais aussi des employés, des communautés et la société indienne dans son ensemble. Cette pression constante pour équilibrer le succès commercial avec le bien social était une danse délicate, et cela le plaçait souvent dans des positions solitaires et difficiles où le poids de la responsabilité devenait personnel.

2. La Solitude du Leadership

Ratan Tata a souvent fait allusion à la solitude qui accompagne le leadership. Malgré sa richesse et son succès immenses, Tata a toujours mené une vie modeste et discrète, qui reflète son monde intérieur. Connu pour être réservé et privé, Tata a rarement cherché les projecteurs, préférant laisser ses actions parler plus fort que ses mots. Sa décision de rester célibataire, bien que fondée sur un choix personnel, met également en lumière un aspect de sa vie qui était solitaire, marqué par l'absence de compagnons familiaux sur lesquels de nombreux leaders s'appuient en période difficile.

Dans des interviews, Tata a discuté avec franchise de moments de solitude et de l'isolement qui accompagnaient le leadership, notamment lorsqu'il faisait face à des décisions difficiles. Il a remarqué que beaucoup de ses pairs, collègues et même amis ne comprenaient pas pleinement le fardeau émotionnel de prendre des décisions qui impactaient des millions de personnes, et comment cette responsabilité le laissait souvent se sentir isolé. Contrairement à de nombreux leaders d'entreprise qui s'entourent de cercles proches, Tata a maintenu un mode de vie plus réservé et autonome, ce qui a probablement approfondi ce sentiment de solitude.

3. Lutte Personnelle et Vulnérabilité

Le comportement humble de Tata et sa personnalité publique réservée ont été en partie façonnés par les défis personnels auxquels il a été confronté. Sa jeunesse a été marquée par une instabilité familiale, ses parents s'étant séparés alors qu'il n'avait que sept ans. Cela a laissé Tata avec un sentiment de vulnérabilité émotionnelle qui allait façonner son approche modeste de la vie et du leadership. Il a passé une grande partie de son enfance élevé par sa grand-mère, Lady Navajbai Tata, qui lui a inculqué des valeurs de devoir et de service mais lui a également appris à protéger ses émotions.

Bien que beaucoup voient Ratan Tata comme une figure imperturbable, les pressions du leadership l'ont affecté. L'incident Cyrus Mistry, où Mistry a été évincé en tant que président de Tata Sons en 2016, a été particulièrement éprouvant émotionnellement pour Tata. Cela l'a replongé sous les projecteurs de manière inconfortable, rouvrant de vieilles blessures sur les attentes familiales, les conflits en conseil d'administration et les luttes de leadership. La nature publique du différend et la bataille juridique qui a suivi ont eu un coût personnel sur Tata, qui, malgré ses meilleurs efforts pour rester en dehors de la mêlée, est devenu une figure centrale dans le conflit. Cet incident était un rappel frappant de la manière dont l'héritage familial et le leadership d'entreprise peuvent parfois entrer en collision, laissant même les leaders les plus expérimentés sur un terrain émotionnel difficile.

4. La Modestie comme Bouclier

La personnalité publique modeste de Tata peut également être vue comme un reflet des boucliers émotionnels qu'il a construits au fil des ans. Sa décision d'éviter les extravagances souvent associées aux magnats des affaires—choisissant de vivre dans un appartement simple, de conduire lui-même une voiture modeste—n'était pas seulement une question de maintenir une image humble. C'était, à bien des égards, une réponse aux défis émotionnels d'être constamment sous surveillance.

En gardant son mode de vie discret, Tata a créé un tampon entre lui et les immenses pressions de sa position. Sa nature réservée lui a permis de naviguer dans des crises et des décisions à enjeux élevés sans le poids supplémentaire du spectacle public. Que ce soit de manière consciente ou inconsciente, Tata semblait utiliser son humilité comme un moyen de gérer le fardeau émotionnel de son rôle, en se concentrant sur le travail lui-même plutôt que sur les attributs du pouvoir.

Mots de la Fin

Ah, **Ratan Tata** – un homme de contradictions, n'est-ce pas ? C'est le genre de personne qui pouvait entrer dans une pièce et, d'un seul regard, rappeler à tout le monde pourquoi **l'understatement** est la forme de pouvoir la plus classe. Mais clarifions une chose : être à la tête du **Tata Group**, un empire avec des intérêts dans presque tous les secteurs imaginables, n'a pas été un chemin facile. Et pourtant, il a piloté ce navire comme s'il s'agissait simplement d'une **promenade tranquille** sur Marine Drive. Une **Ferrari California** pouvait dormir dans son garage, mais cet homme ? Il préférait la simplicité d'une Tata Nano. Parlez d'une vie en accord avec la marque !

Le Poids Émotionnel du Leadership

Pourtant, derrière ce comportement calme et posé se cachait un homme luttant avec l'immense poids de la responsabilité—car diriger l'une des entreprises les plus respectées d'Inde ne consiste pas seulement à réaliser des bénéfices. Non, pour Ratan Tata, il s'agissait de **équilibrer le poids d'un héritage familial** d'une main et les **attentes d'une nation** de l'autre.

Imaginez ceci : vous héritez d'un empire de **J.R.D. Tata**, un homme presque vénéré comme une royauté dans l'industrie indienne, et maintenant on attend de vous non seulement que vous mainteniez le train en marche mais que vous le fassiez voler. C'est le genre de **pression** dont nous parlons. Et il l'a ressentie aussi. Il n'était pas du genre à s'en plaindre publiquement—il est bien trop digne pour cela—mais **ceux qui lui étaient proches** voyaient souvent le poids que cela représentait. Nuits sans sommeil, décisions difficiles, et la **solitude du leadership**.

N'oublions pas ses **luttes personnelles**—ses parents se sont séparés lorsqu'il était jeune, et il a été élevé par sa grand-mère, Lady Navajbai Tata. Cela a laissé des traces, façonnant l'homme **réservé**, **modeste** qui préférait laisser son travail parler de lui. Il a failli se marier mais, comme il l'a expliqué avec sa typique humilité, **"ça ne s'est tout simplement pas passé comme prévu."** Pour un homme qui a passé sa vie à veiller sur les autres, cette solitude a dû être particulièrement aiguë.

Jongler entre Héritage et Innovation

En parlant de responsabilité, plongeons dans la **Tata Nano**—la "voiture du peuple" qui n'était pas seulement une question de vente de véhicules mais de **transformer la société indienne.** Maintenant, c'était un véritable projet de passion pour Tata. Il voulait créer une voiture suffisamment abordable pour les familles de classe moyenne et de classe inférieure en Inde. En théorie, c'était une **innovation brillante**—rendre la possession d'une voiture accessible à des millions de personnes qui autrement ne pourraient pas se le permettre. En pratique ? Eh bien, la Nano n'a pas tout à fait tenu ses promesses.

Mais voici le hic : **il ne le regrettait pas.** Même si la Nano a eu du mal sur le marché, Ratan Tata était fier de son **ambition sociale.** Il a un jour plaisanté, probablement avec un sourire ironique, que l'échec de la voiture était l'une de ses plus grandes **déceptions**, mais bon, qui n'aime pas une bonne expérience d'apprentissage ? Pour Tata, **prendre des risques** faisait partie du travail, et si les choses ne se déroulaient pas toujours comme prévu, eh bien, c'est juste la façon dont les choses se passent.

Cyrus Mistry : La Bataille en Conseil d'Administration que Personne ne Voulait

Et puis, bien sûr, il y a l'**incident Cyrus Mistry**—ce conflit familial notoire qui a éclaté en une **série télévisée d'entreprise** à part entière. Mistry, qui avait été choisi par Tata comme son successeur en 2012, a été **brusquement évincé** quatre ans plus tard dans un affrontement qui ressemblait à quelque chose tout droit sorti d'un drame Bollywoodien.

Les médias étaient sur le coup—batailles en conseil d'administration, accusations, combats juridiques—c'était le pire cauchemar de Tata. Pour un homme qui **chérissait la loyauté et l'intégrité**, le **retour de flamme public** a dû sembler une trahison personnelle. Ratan Tata n'est pas du genre à laver son linge sale en public, alors imaginez à quel point cela a dû être difficile pour lui de voir l'héritage familial se jouer dans les gros titres. Lorsqu'on lui a demandé plus tard, il est resté **digne**, comme toujours, disant seulement que c'était **malheureux**. Malheureux ? Je pense que c'est la manière de Tata de dire **"je voulais crier dans un oreiller, mais j'ai choisi de ne pas le faire."**

La Modestie comme Son Armure

Ce qui me fascine chez Tata, c'est que sa **modestie n'était pas juste une façade**. C'était son armure. La manière discrète dont il se comportait—l'**appartement modeste** à Colaba, le fait qu'il conduisait lui-même—n'était pas simplement un trait excentrique, c'était sa façon de garder la folie de son monde à distance. Et qui pourrait le lui reprocher ? Lorsque vous dirigez un empire mondial qui emploie des milliers de personnes, traite avec des gouvernements et maintient un héritage lié à l'identité même de l'Inde, vous voudrez peut-être rester ancré.

Tandis que certains magnats des affaires pourraient afficher leur succès sur les couvertures de magazines, Tata a gardé les choses simples. Parce que pour lui, il ne s'agissait pas des **voitures flashy** ou du **style de vie extravagant**—il s'agissait de laisser derrière lui quelque chose de significatif, quelque chose qui **comptait**.

Humour dans les Moments Difficiles

Même dans les moments difficiles, Tata avait une façon de voir les choses avec un peu d'humour sèche. Il a un jour admis être **surpris** lorsque les gens s'attendaient à ce qu'il vive dans l'opulence. "Je suis un homme d'affaires, pas une star de Bollywood," aurait-il pu dire. Lorsque **Tata Motors** a eu du mal avec son **acquisition de Corus Steel**, Tata

181

l'a géré avec son calme caractéristique, faisant remarquer que "les défis sont toujours là, mais vous vous adaptez." C'est le genre de **résilience stoïque** qui vous donne envie de vous mettre au yoga ou au moins d'apprendre à respirer profondément dans les embouteillages.

Pensées Finales : Un Leader Façonné par l'Humanité

Le legs de Ratan Tata ne se limite pas à la construction de l'un des empires commerciaux les plus respectés au monde. Il s'agit de l'**humanité** derrière le leadership. Un homme qui n'a jamais laissé le **pouvoir** obscurcir son **empathie**, qui croyait au **pouvoir de l'innovation** non seulement pour le profit mais pour le **bien social**. La pression ? Immense. La solitude ? Toujours présente. Mais Ratan Tata l'a portée avec **grâce**, laissant un héritage qui perdurera non seulement dans les bilans, mais dans le cœur des personnes qu'il a touchées.

Et n'oublions pas—à travers tout cela, il a probablement conduit lui-même chez lui dans sa Tata Nano, avec son chien à ses côtés, réfléchissant à ce que le prochain chapitre pourrait apporter. Parce que c'est Ratan Tata : **le géant silencieux qui a dirigé avec intégrité, modestie et une touche d'humour.**

9 798227 677594